2023年版

中検2級試験問題

［第106・107回］解答と解説

一般財団法人
日本中国語検定協会 編

白帝社

音声ファイルの再生方法について

■『中検 2 級試験問題 2023［第 106・107 回］』の音声ファイル（MP3）は，下記サイトにアクセスし，無料でストリーミングやダウンロードで聞くことができます。

https://www.hakuteisha.co.jp/audio/chuken/2-2023.html

■ **ストリーミングで聞く場合**（スマートフォン，パソコン，Wi-Fi がある所でおすすめ）：「ストリーミング」の下にあるトラック番号を選択（タッチまたはクリック）すると再生されます。

■ **ダウンロードで聞く場合**（パソコンでおすすめ）：「ダウンロード」の下にあるファイル名を選択（クリック）します。ファイルは ZIP 形式で圧縮された形でダウンロードされます。スマートフォンで行う場合の参考情報は，v 頁をご覧ください。

■ 発行より年月がたっているものは，ダウンロードのみとなります。

■ 本文中の ◯ マークの箇所が音声ファイル（MP3）提供箇所です。会場での受験上の注意を収録したトラック 01，02，44 は，本書「問題」部分には記していません。

■ 本書と音声は著作権法で保護されています。

ご注意

＊ 音声の再生には，MP3 ファイルが再生できる機器などが別途必要です。

＊ ご使用機器，音声再生ソフトに関する技術的なご質問は，ハードメーカー，ソフトメーカーにお問い合わせください。

ストリーミングやダウンロードがご利用できない場合は CD をお送りします。葉書やメールに，①『中検 2 級試験問題 2023［第 106・107 回］』の CD 希望，②お送り先の住所，③氏名を明記の上，下記宛お申し込みください。

171-0014　東京都豊島区池袋 2-65-1　白帝社 CD 係

info@hakuteisha.co.jp

まえがき

私たちの協会はこれまで各回の試験が終わるごとに級別に試験問題の「解答解説」を発行し，また年ごとに試験問題と解答解説を合訂した「年版」を公表してきました。これらは検定試験受験者だけでなく，広く中国語学習者や中国語教育に携わる先生方からも，大きな歓迎を受けてきましたが，ただ主として予約による直接購入制であったため，入手しにくいので一般の書店でも購入できるようにしてほしいという声が多く受験者や学習者から寄せられていました。

その要望に応えるため，「年版」の発行を 2013 年度実施分より中国語テキストや参考書の発行に長い歴史と実績を有する白帝社に委ねることにしました。「各回版」の方は速報性が求められ，試験終了後直ちに発行しなければならないという制約を有するため，なお当面はこれまでどおり協会が発行し，直接取り扱うこととします。

本書の内容は，回ごとに出題委員会が作成する解答と解説に準じていますが，各回版刊行後に気づいた不備，回ごとの解説の粗密や記述体裁の不統一を調整するとともに，問題ごとに出題のねらいや正解を導くための手順を詳しく示すなど，より学習しやすいものになるよう配慮しました。

本書を丹念に読むことによって，自らの中国語学習における不十分なところを発見し，新しい学習方向を定めるのに役立つものと信じています。中国語学習者のみなさんが，受験準備のためだけでなく，自らの学力を確認するための目安として本書を有効に活用し，学習効果の向上を図られることを願っています。

2023 年 4 月

一般財団法人 日本中国検定協会

本書について

本書は，日本中国語検定協会が2022年度に実施した第106回（2022年6月），第107回（2022年11月）中国語検定試験の問題とそれに対する解答と解説を，実施回ごとに分けて収めたものです。リスニング問題の音声はダウンロードして聴くことができます。

問　題

・試験会場で配布される状態のものに，音声のトラック番号を 03 のように加えています。ただし，会場での受験上の注意を収録した各回のトラック01，02，44は記していません。

解答と解説

・問題の最初に，出題の形式や狙いと細かい配点を示しています。

・4択式の解答は白抜き数字❶❷❸❹で，記述式の解答は太字で示しています。解説は問題ごとに　内に示しています。

・問題文と選択肢のすべてに日本語訳例を付し，筆記の選択肢の語句にピンインを付けています。

・ピンイン表記は原則として《现代汉语词典 第7版》に従っていますが，“不”“一”の声調は変調したものを示しています。
“没有”は動詞は méiyǒu，副詞は méiyou のように表記しています。
軽声と非軽声の2通りの発音がある場合は，原則として軽声の方を採用しています。例：“打算 dǎ·suàn”は dǎsuan，“父亲 fù·qīn”は fùqin，“因为 yīn·wèi”は yīnwei。

・音声のトラック番号は，04 のように示し，繰り返しのものを割愛しています。

解答用紙見本

・巻末にマークシート式の解答用紙の見本（一部。70％縮小）があります。記入欄を間違えないように，解答欄の並び方を確認しましょう。

参考情報　スマートフォンで音声ダウンロードと再生を行う手順

https://www.hakuteisha.co.jp/audio/chuken/2-2023.html

・Android，iPhone：次の手順で再生してください。

① QR コードを読み取るか，ブラウザに URL を入力して，音声ダウンロードページを開きます。

⇩

② ダウンロードしたいものを選択（タッチ）すると，ダウンロードされます。

⇩

③ ダウンロードしたものが保存されている場所を開き，ダウンロードしたものを開きます。

⇩

④ ダウンロードしたファイルを選択し，聞きたいトラック番号を選択して，再生します。

＊スマートフォンの機種や使用アプリ，アプリのバージョンによって操作方法は少し異なることがあります。

目　次

第 106 回

(2022 年 6 月)

問　題

解答時間：計 120 分

配点：リスニング 100 点，筆記 100 点

解答と解説

リスニング (⇨解答と解説13頁)

03 **1** 1. (1)～(5)のＡの発話に対するＢの問いの答えとして最も適当なものを，①～④の中から１つ選びなさい。 (25点)

04 (1)

① ② ③ ④

05 (2)

① ② ③ ④

06 (3)

① ② ③ ④

07 (4)

① ② ③ ④

08 (5)

① ② ③ ④

09 2. (6)～(10)のＡとＢの対話を聞き，それに続くＡの発話として最も適当なものを，①～④の中から１つ選びなさい。 (25 点)

10 (6)

① ② ③ ④

11 (7)

① ② ③ ④

12 (8)

① ② ③ ④

13 (9)

① ② ③ ④

14 (10)

① ② ③ ④

15 **2** 中国語を聞き，(1)～(10)の問いの答えとして最も適当なものを，①～④の中から1つ選びなさい。

(50点)

16

23

17

24

18 (1)

25 ①　②　③　④

19 (2)

26 ①　②　③　④

20 (3)

27 ①　②　③　④

21 (4)

28 ①　②　③　④

22 (5)

29 ①　②　③　④

30
37

31
38

32 (6)
39 ① ② ③ ④

33 (7)
40 ① ② ③ ④

34 (8)
41 ① ② ③ ④

35 (9)
42 ① ② ③ ④

36 (10)
43 ① ② ③ ④

筆　記 (⇨解答と解説22頁)

1 次の文章を読み，⑴～⑽の問いの答えとして最も適当なものを，①～④の中から1つ選びなさい。 (20点)

羽生结弦在中国 [(1)] 成千上万的粉丝。他深受大家喜爱的原因，[(2)] 多次打破世界纪录，夺得了两届奥运的金牌，[(2)] 不断努力进取，敢于挑战的精神。

羽生出生于1994年。小时候得过哮喘病，做过气管扩张手术。开始滑冰以后，为了提高心肺机能，他主动地进行大强度的训练，身体素质增强，技术进步得也很快。2004年第一次参加全国比赛就获得了金牌。2011年3月，他的家乡发生了大地震，滑冰场的冰面像海浪一样鼓了 [(3)]。他拼尽全力跑回家的时候，看到的是一片废墟。在(4)避难期间，他绝望过，自己问自己："还要不要继续滑冰？"但是很快就振作 [(3)]，和其他运动员一起到各地举行滑冰表演，为受灾的家乡募捐。

2014年，他和另一位选手在赛前的练习中相撞，额头、下巴都受了伤。他没有听从退赛的建议，喊了一声："上！ [(5)] 死也要死在冰场上"，缠着纱布上了冰场。四分三十秒的表演，八次起跳，五次摔倒，最后获得了银牌。2018年的冬奥会前，他的脚受了重伤，两个多月无法滑冰。人们觉得他不会参加比赛了，但他还是咬着牙带伤参赛，[(6)] 获得了冠军。在颁奖典礼上，他 [(7)] 是单腿跳上了领奖台。

从2019年开始，羽生结弦第一次挑战以挪威滑冰选手的名字命名的高难度动作"阿克塞尔四周跳"（简称4A）。虽然没有成功，但他一直没有放弃，继续挑战。[(8)] 在三个月之间，就挑战了一千次以上。

在今年2月北京的冬奥会上，羽生结弦继续挑战4A。功夫不负有心人，他完成了4A的动作，[(9)] 的是落下的时候摔在了冰面上，使他名列第四，没有得到奖牌。但他这个动作被国际滑联认定为首个在世界比赛中完成的4A。

(1) 空欄(1)を埋めるのに適当なものはどれか。

① 具有　② 占有　③ 拥有　④ 保有

(2) 2か所の空欄(2)を埋めるのに適当なものはどれか。

① 不是…而是…　② 因为…所以…　③ 既…又…　④ 为了…而…

(3) 2か所の空欄(3)を埋めるのに適当な同一の語はどれか。

① 上来　② 上去　③ 下来　④ 起来

(4) 下線部(4)の正しいピンイン表記はどれか。

① pínán　② pínàn　③ bìnàn　④ bìnán

(5) 空欄(5)を埋めるのに**適当でないもの**はどれか。

① 就是　② 不管　③ 即使　④ 就算

(6) 空欄(6)を埋めるのに適当なものはどれか。

① 同时　② 况且　③ 再说　④ 并且

(7) 空欄(7)を埋めるのに適当なものはどれか。

① 到底　② 几乎　③ 毕竟　④ 反正

(8) 空欄(8)を埋めるのに適当なものはどれか。

① 明明　② 整整　③ 仅仅　④ 常常

(9) 空欄(9)を埋めるのに**適当でないもの**はどれか。

① 难得　② 可惜　③ 遗憾　④ 意外

(10) 本文の内容と**一致しないもの**はどれか。

① 小时候的病没影响羽生的运动生涯。

② 羽生 10 岁时获得了全国比赛的金牌。

③ 阿克塞尔未在世界比赛中完成过 4A。

④ 因为没完成 4A，羽生没拿到奖牌。

2 1. ⑴～⑸の中国語①～④の中から，正しいものを 1 つ選びなさい。　(10 点)

⑴ ① 风不但没停，反而越大越刮了。
② 风不但没停，反而越刮越大了。
③ 不但风没停，越刮反而越大了。
④ 不但风没停，越大反而越刮了。

⑵ ① 世界上没有谁比妈妈更了解我。
② 世界上没有妈妈比谁更了解我。
③ 世界上谁没有比妈妈更了解我。
④ 世界上谁比妈妈没有更了解我。

⑶ ① 他好不容易把电脑的密码想起来了。
② 他想起来了把电脑的密码好不容易。
③ 他好不容易想把电脑的密码起来了。
④ 他想起来了好不容易把电脑的密码。

⑷ ① 据天气预报说，今年梅雨比往年来一个星期左右晚。
② 天气预报据说，梅雨今年晚来一个星期左右比往年。
③ 据天气预报说，今年梅雨比往年晚来一个星期左右。
④ 天气预报据说，今年梅雨比往年一个星期左右晚来。

⑸ ① 人口的增长对经济发展不至于多大的影响产生。
② 人口的增长不至于对经济发展产生多大的影响。
③ 人口的增长对经济发展多大的影响不至于产生。
④ 人口的增长不至于多大的影响对经济发展产生。

2. ⑹～⑽の中国語の下線部の意味として最も適当なものを，①～④の中から１つ選びなさい。 (10 点)

⑹ 他是文科生，学计算机软件设计觉得很吃力。

① 费事　② 费劲　③ 用功　④ 多事

⑺ 这种营养品的效果和广告上说的不一样，很多人都上当了。

① 受骗　② 误会　③ 吃亏　④ 损失

⑻ 我是第一次参加这样的考试，能不能及格，自己也吃不准。

① 没有把握。　② 缺乏经验。　③ 想不出来。　④ 不敢正视。

⑼ 他们夫妻俩都工作，虽然工资都不算多，但生活还过得去。

① 比较愉快。　② 每天都忙。　③ 一直顺利。　④ 不很困难。

⑽ 别相信小刘的话，他说的外星人的故事是没影儿的事儿。

① 不在乎。　② 无价值。　③ 不像话。　④ 无根据。

3 ⑴～⑽の中国語の空欄を埋めるのに最も適当なものを，①～④の中から１つ選びなさい。 (20点)

⑴ 你不要（　　　）别人的缺点开玩笑。

① 拿　② 使　③ 抓　④ 把

⑵ 我想（　　　）一下这件事的前因后果。

① 注解　② 了解　③ 分解　④ 化解

⑶ 离开视听教室时，请（　　　）关上灯和空调。

① 出手　② 分手　③ 随手　④ 接手

⑷（　　　）老习惯，爷爷睡午觉的时候也一定要把窗帘拉上。

① 照旧　② 按照　③ 按说　④ 依靠

⑸ 雨过天晴，长空一片湛蓝，远处飘来几（　　　）白云。

① 堆　② 群　③ 面　④ 朵

⑹ 你考虑了三天还决定不了，那（　　　）就别买了。

① 干脆　② 左右　③ 究竟　④ 简直

⑺（　　　）有什么急事，要不这么重要的会议，张老师是不会不来的。

① 既然　② 尽管　③ 除非　④ 否则

⑻ 虽然失败了多次，莱特兄弟一直不（　　　），终于发明了飞机。

① 死心　② 伤心　③ 散心　④ 离心

⑼ 人生真是不可思议，不想见的人却（　　　）在异国他乡遇见了。

① 悄悄　② 偷偷　③ 渐渐　④ 偏偏

⑽ 吃点儿苦也（　　　）不好，让孩子锻炼锻炼对他的将来有好处。

① 不得已　② 不见得　③ 不得了　④ 不由得

4 次の文章を読み，ピンイン表記の(a)・(b)を漢字（簡体字）に改め，下線部(1)・(2)を日本語に訳しなさい。 (18点)

丝绸之路是古代中国与外国进行贸易的通道。它东起于古都长安，穿过河西走廊，(a)fānyuè 帕米尔高原，经阿富汗、伊朗、伊拉克、叙利亚等国而达地中海，以意大利的罗马为终点，全长 6440 公里。由于最初以丝绸贸易为主，所以被称为“丝绸之路”。中国是最早使用蚕丝的国家，被称为“丝国”。公元前一世纪，古罗马的皇帝有一次穿着丝袍去剧场看戏，引起了轰动。(1)他身上光艳华贵的中国丝绸令观众目瞪口呆，惊叹不已，人们连连赞美它的高雅华丽。

丝绸之路运送的不仅是丝帛彩绸，也连结了古代东西方文明。一路上，商旅、使臣、僧人、学者(b)chūnxiàqiūdōng 络绎不绝。骆驼商队把中国的农业、手工技术和文化传到西方；同时也把西方的农产品和文化艺术送到中国。(2)两千年来，世界发生了翻天覆地的变化，但它的美名却历久不衰，不断传诵。

5 ⑴～⑷の日本語を中国語に訳しなさい。また，⑸の指示に従って中国語で文章を書きなさい。 (22 点)

⑴ 10 年ぶりですが，一目であなただと分かりました。

⑵ あのレストランは人気があるので，とても席の予約が取れません。

⑶ 週末はドライブに行くか，部屋を掃除するかのどちらかです。

⑷ あんなにつまらないドラマは，もう二度と見たくありません。

⑸ 「故郷」について，次の 2 つの語句を使用して 30 字以上 50 字以内で書きなさい。

“风景” “想念”

リスニング（⇨問題2頁）

1

解答：(1)❹　(2)❶　(3)❷　(4)❷　(5)❸　(6)❸　(7)❶　(8)❹　(9)❸　(10)❸

1．Aの発話に対するBの問いの答えを選びます。日常会話の一言を聞き取り，素早く状況をつかむ能力を問います。（各5点）

04 (1) A：今天买的茶比上次买的好喝，早知道这样，上次少买点儿就好了。
（きょう買ったお茶は前回買ったのよりおいしい，早くに知っていれば，前回少なめに買えばよかったのに。）
B：说话人的意思是：（話し手が言っている意味は：）
① 不知道上次买的茶好喝。
（前回買ったお茶がおいしいとは知らなかった。）
② 后悔上次买少了。（前回買うのが少なかったことを後悔している。）
③ 早就知道今天买的茶好喝。
（きょう買ったお茶がおいしいことをとっくに知っていた。）
❹ 后悔上次买多了。（前回買いすぎたことを後悔している。）

05 (2) A：咱们还是下午去吧，晚上说不定下雨。（わたしたちはやはり午後に行きましょう，夜は雨が降るかもしれませんから。）
B：说话人的意思是：（話し手が言っている意味は：）
❶ 最好早点儿去。（早めに行ったほうがよい。）
② 希望改天再去。（後日行くことを望んでいる。）
③ 最好晚点儿去。（遅めに行ったほうがよい。）
④ 希望晚上不下雨。（夜，雨が降らないことを望んでいる。）

06 (3) A：你刚来一个月就这么熟悉了，我来了一年多了还总迷路呢。
（あなたは来てたった1か月でこんなに詳しく知っているのに，わたしなんて来て1年以上もたつけどまだしょっちゅう道に迷いますよ。）
B：说话人的意思是：（話し手が言っている意味は：）
① 对方熟悉环境比自己慢。（相手が環境に慣れるのが自分より遅い。）
❷ 对方熟悉环境比自己快。（相手が環境に慣れるのが自分より速い。）
③ 对方来的时间短。（相手が来てからの時間が短い。）

④ 自己来的时间长。(自分が来てからの時間が長い。)

07 (4) A：孩子的感冒还没好，我这几天都没按时上班，真是太不好意思了。
(子どもの風邪がまだよくならないので，わたしはここ数日時間どおりに出勤しておらず，本当に申し訳ありません。)

B：说话人的意思是：(話し手が言っている意味は：)

① 觉得很不舒服。(具合が悪いと感じている。)

❷ 觉得十分抱歉。(非常に申し訳ないと思っている。)

③ 孩子又生病了。(子どもがまた病気になってしまった。)

④ 今天也得早走。(きょうも早退しなければならない。)

08 (5) A：我每天早饭自己做，午饭在食堂吃，晚饭不想做的时候叫外卖。
(わたしは毎日朝食は自分で作り，昼食は食堂で食べ，夕食は作りたくないときは出前を取ることもあります。)

B：说话人的意思是：(話し手が言っている意味は：)

① 每顿饭都自己做。(毎食自分で作る。)

② 有时候自己做午饭。(時々自分で昼食を作る。)

❸ 晚饭有时候自己做。(夕食は自分で作るときがある。)

④ 喜欢自己做饭。(自分で料理を作るのが好きだ。)

2. AとBの対話に続くAのことばを選びます。日常会話の短い対話を聞き取り，素早く状況をつかんで反応する能力を問います。 (各5点)

10 (6) A：哎，你说我买哪个颜色的好呢？
(ねえ，どの色を買ったらよいと思いますか。)

B：我觉得都不错，不过白的比红的穿的机会多。
(どちらも悪くないと思いますが，白は赤より着る機会が多いと思いますよ。)

A：① 听你的，我还是穿以前那件吧。(あなたの言うとおりにして，わたしはやっぱり以前のあの服を着ましょう。)

② 你说得对，这个颜色没那个好看。
(おっしゃるとおりです，この色はあれほどきれいではありません。)

❸ 你说得对，那就买白的吧。
(おっしゃるとおりです，では白を買いましょう。)

④ 听你的，还是买红的吧。
(あなたの言うとおりにして，やはり赤を買いましょう。)

11 (7) A：你知道中国的“高铁”吗？（あなたは中国の「高鉄」を知っていますか。）

B：当然知道，我还坐过呢。

（もちろん知っています，乗ったこともありますよ。）

A：**❶ 怎么样？比日本的新干线快吗？**

（どうですか。日本の新幹線より速いですか。）

② 那你找机会坐一次吧。（では機会を見つけて，乗ってみてください。）

③ 哪里呀！比日本的新干线慢得多。

（いやいや，日本の新幹線よりずっと遅いですよ。）

④ 什么？你没坐过日本的新干线哪！

（何ですって？日本の新幹線に乗ったことがないのですか。）

12 (8) A：爸爸，星期天你带我去迪士尼行吗？

（お父さん，日曜日にディズニーランドに連れて行ってくれる？）

B：不行，我星期六出差，让你妈带你去吧。

（だめだ，土曜日は出張だから，お母さんに連れて行ってもらいなさい。）

A：① 那咱们全家一起去吧。（じゃあ家族みんなで行こう。）

② 星期六我妈不休息。（土曜日お母さんは仕事だよ。）

③ 那周末你和我一起去，怎么样？

（じゃあ週末お父さんがわたしと一緒に行くのはどう？）

❹ 我妈说她星期天得加班。

（お母さんは日曜日残業しないといけないって。）

13 (9) A：这个房子怎么样？离你们公司很近，到车站也不远。（この家はどうですか。あなたがたの会社から近く，駅までも遠くありません。）

B：不错是不错，房钱不便宜吧？

（良いには良いのですが，家賃は高いのでしょう？）

A：① 你们公司在这附近吗？（あなたがたの会社はこの近くですか。）

② 这附近有地铁站吗？（この近くに地下鉄の駅はありますか。）

❸ 便宜是不便宜，但是条件好哇！

（安いかと言えば安くありませんが，条件は良いですよ。）

④ 离车站远是不远，但是不太安静。

（駅からは遠くありませんが，あまり静かではありません。）

14 (10) A：走了这么长时间还没到，是不是走错了？（こんなにも長い時間歩いてるのにまだ着かないなんて，道を間違えたんじゃないですか。）

B：看地图就是这条路，应该快到了，再坚持一下吧。（地図によるとこの道です，もうすぐ着くはずなので，もう少し頑張ってください。）

A：① 就是这条路，我以前来过。
（この道です，前に来たことがありますから。）

② 就是这个地图，没错。（この地図です，間違いありません。）

❸ 不行，我走不动了。（だめです，もう歩けません。）

④ 你要是走累了，快点儿回来吧。
（歩き疲れたなら，早く戻ってきてください。）

2 **500字程度の2つの文章を聞き，内容についての問い5問ずつに答えます。ポイントとなる内容を聞き取り，全体の趣旨をつかむ能力を問います。**（各5点）

解答：(1)❸ (2)❷ (3)❸ (4)❹ (5)❶ (6)❸ (7)❸ (8)❶ (9)❸ (10)❶

(1)〜(5)の中国語

16 11月11号，是中国的一个盛行于网络和民间的特殊节日：光棍儿节。“光棍儿”本来是对没有妻子的男性开玩笑的称呼，现在也有人用来指所有没结婚的人。由于11月11号的四个数字都是“1”，而1使人联想到一个人，象征着“单身”，所以，这一天在1993年11月11号之前由南京大学的几个学生提议，先在当地的几个大学里成了单身学生的节日，后来又通过网络的传播在社会上流行开来，成了所有单身者的节日。由于是两个11连在一起，这一天也被称为“双十一”。

17 “双十一”不是政府规定的节日，公司和学校都不放假。由于它不像其他节日那样有固定的庆祝方式，所以不同的人过节的方式各种各样。有人聚会，有人购物，还有人办理结婚手续，甚至还有人在这一天举行结婚典礼，结束单身生活，称为“脱单”。如果正巧这一天是星期六或星期天，一些城市还会组织大规模的相亲活动。最近几年，到了结婚的年龄还没结婚的单身者逐渐增多，特别是大城市里有不少没结婚的大龄女青年。她们大部分都有高学历和高收入。尽管父母希望她们早日结婚，但是她们对男方的要求很高。除了要求有房子、有车、有存款之外，还要求“个子高、学历高、收入高”，简称“三高”。不难想到，能满足这些要求的男青年并不容易遇到。相亲活动给未婚青年们提供了见面和交流的机会。

訳：11月11日は，中国のネットと民間で盛り上がりを見せる特別な祝日，“光棍儿节”（シングルデー）である。“光棍儿”とはもともと妻がいない男性をからかう呼び名であったが，今はすべての未婚者を指すのに用いる人もいる。11月11日の4つの数字はすべて“1”で，数字の1は一人を連想させ，「独り者」を象徴するので，この日は1993年11月11日の前に南京大学の数人の学生により提唱され，まず当地のいくつかの大学で独身の学生の祝日となり，後にネットを通じて世間に広まっていき，すべての独身者の祝日となった。2つの11が続いているので，この日は“双十一”（ダブルイレブン）とも呼ばれる。

“双十一”は政府が定めた祝日ではないため，会社と学校は休みにならない。他の祝日のように決まったお祝いの方式もないので，人によって過ごし方はさまざまである。会合を開く人もいれば，買い物をする人もいる。結婚の届けをする人などもおり，ひいてはこの日に結婚式を挙げ，独身生活を終わらせる人もいる。これを“脱单”（独身からの離脱）と呼ぶ。もしこの日が折よく土曜日か日曜日であれば，大規模なお見合いイベントを開催する都市もある。ここ数年，結婚適齢期になってもまだ結婚をしていない独身者は次第に増えており，特に大都市には適齢期を過ぎても未婚の女性が少なくない。彼女たちの大部分は高学歴で，高収入である。両親は彼女たちに一日も早く結婚してほしいと願っているにもかかわらず，彼女たちは男性への要求が高い。家，車，貯金があるほか，「高身長・高学歴・高収入」，略して「三高」までも要求する。これらの要求を満たす若い男性に出会うのは決して容易ではないことは，想像に難くない。お見合いイベントは未婚の若者たちに出会いと交流のチャンスを提供するものなのである。

18 (1) 問：光棍儿节为什么定为11月11号？
（“光棍儿节”はなぜ11月11日に定められたのか。）

答：① 因为是由单身的大学生提议的。
（独り身の大学生により提唱されたから。）
② 因为是在11月11号之前提议的。（11月11日の前に提唱されたから。）
❸ 因为“1”使人联想到单身。（“1”は独り身を連想させるから。）
④ 因为国家没有单身者的节日。（国に独身者のための祝日がないから。）

19 (2) 問：为什么每个人过光棍儿节的方式不同？
（なぜ人によって“光棍儿节”の過ごし方が異なるのか。）

答：① 因为它不是政府规定的。（政府が定めたものではないから。）
❷ 因为它没有固定的庆祝方式。（決まったお祝いの方式がないから。）

③ 因为它是单身学生的节日。(独り身の学生の祝日だから。)

④ 因为公司和学校都不放假。
(会社と学校はどちらも休みにならないから。)

20 (3) 問：一些城市在什么时候组织相亲活动?
(一部の都市はいつお見合いイベントを開催するのか。)

答：① 每年的光棍儿节。(每年“光棍儿节”のとき。)

② 11 月的每个星期六和星期日。(11 月の每週土曜日と日曜日。)

❸“双十一”是休息日的时候。(“双十一”が休日のとき。)

④ 每个月的 11 号是星期日的时候。(每月 11 日が日曜日のとき。)

21 (4) 問：“三高”是谁对谁的要求？（「三高」は誰の誰に対する要求か。)

答：① 男青年对女青年的要求。(若い男性の若い女性に対する要求。)

② 男女青年对对方的要求。(男女双方の相手に対する要求。)

③ 女青年的父母对男青年的要求。
(若い女性の両親が若い男性に対する要求。)

❹ 女青年对男青年的要求。(若い女性の若い男性に対する要求。)

22 (5) 問：与本文内容相符的是以下哪一项?
(本文の内容と一致するものは，次のどれか。)

答：**❶ 为了脱离单身，有人特地在光棍儿节这一天结婚。**(独り身から脱却するため，わざわざ“光棍儿节”の日に結婚する人がいる。)

②“双十一”的提议是通过网络传到南京大学的。
(“双十一”の提唱はネットを通じて南京大学へ伝わった。)

③ 很多城市在 11 月 11 号给独身的人办理结婚登记。
(多くの都市では 11 月 11 日に独身者のために結婚の手続きを行う。)

④ 因为不放假，未婚青年没有时间见面交流。
(休みにならないので，未婚の若者は会って交流する時間がない。)

(6)～(10)の中国語

30 孩子们是怎样学会说话的？不同年代的孩子学习母语的时间和过程是否一样？这一直是语言研究者和教育者感兴趣的课题。北京师范大学语言研究所的专家们经过长达七年的追踪观察，发现现在的儿童和以前不一样，两岁的孩子掌握语音的时间和以前的孩子没有多大的差异，但是会说的词汇量相当于过去三、四岁的孩子。

专家们发现，两岁的孩子有的会说3000多个词，有的会说2500个左右，平均会说2830个词。其中，有680个是常用的。他们还发现“小孩儿说大人话”的语言早熟现象相当普遍。比如一个三岁女孩儿竟然对奶奶说：“如果你再不锻炼，体型就会不好了。”

31 研究所的陈教授分析，产生这些现象的原因有三个。第一，交流对象的成人化。大人常和孩子对话，促进了语言早熟。第二，智力开发的早期化。父母一般都很重视婴幼儿时期的语言教育。第三，接受信息的多样化。除了图画、书本之外，幼儿看的电视节目、电子作品越来越多。专家们认为，幼儿学习语言是一个自然的过程，每个年龄段的孩子都有这个年龄段的常用的词语。过快的早熟，将使孩子们掌握的词语出现空白。因此，他们建议，家长需要做的是，了解孩子们的语言，应该尽量和他们说“小孩儿话”。同时，要经常让孩子们一起玩儿，给他们创造一起交流的机会。

訳：子どもたちはどのように話せるようになるのか，異なる年代の子どもが母語を学ぶ時間と過程は同じなのだろうか。これは言語学者と教育者がずっと関心をもっている課題である。北京師範大学言語研究所の専門家たちは7年にも及ぶ追跡・観察を通して，今の子どもは以前の子どもと違い，2歳の子どもが発音をマスターする時間は以前の子どもと大きな差はないが，話せる語彙量は昔の3，4歳の子どもに相当することを発見した。

専門家たちは，2歳の赤ん坊は3,000語余り話せる子や，2,500語しか話せない子もいるが，平均は2,830語であることを発見した。その中で，680語がよく使われる言葉である。彼らは更に，「子どもが大人の言葉を話す」という言語の早熟現象が普遍的に起こっていることも発見した。例えば，ある3歳の女の子が祖母に「もし体を鍛えなかったら，体型が悪くなってしまうわよ」なんて言うのである。

研究所の陳教授は，このような現象が起こるのには3つの原因があると分析している。第一に，交流対象の成人化である。大人が常に子どもと話をしていると，言葉の早熟を促してしまう。第二に，知能開発の早期化である。両親は一般的に乳幼児期の言語教育をとても重視する。第三に，受け取る情報の多様化である。絵や本以外に，幼児が見るテレビ番組・電子作品はますます増えている。専門家たちは，幼児が言葉を学ぶのは一種の自然な過程であり，年齢区分ごとにその年齢がよく使う言葉があると認識している。速すぎる早熟は，子どもたちがマスターする言葉に空白が現れることになってしまう。このため，保護者がやらなければならないこととして，子どもたちの言葉を理解し，できるだけ「子どもの言葉」を話すことだと，彼らは提案している。それと同時に，よく子どもたちを一緒に遊ばせ，仲間と交流する機会を与える必要がある。

32 (6) 問：跟以前的儿童相比，现在的儿童在语言学习上有什么不同？（以前の子どもと比べて，今の子どもは言語学習において何か違いがありますか。）

答：① 两岁的孩子掌握语音的时间短，会说的词多。（2 歳の子どもは発音をマスターする時間は短いが，話せる言葉は多い。）

② 三、四岁的孩子掌握语音的时间短，会说的词多。（3，4 歳の子どもは発音をマスターする時間は短いが，話せる言葉は多い。）

❸ **两岁的孩子会说的词比以前的孩子多。**

（2 歳の子どもが話せる言葉は以前の子どもより多い。）

④ 三、四岁的孩子会说的词比以前的孩子多。

（3，4 歳の子どもが話せる言葉は以前の子どもより多い。）

33 (7) 問：两岁的儿童平均会说多少个词？

（2 歳の子どもは平均でどれくらいの言葉を話せるのか。）

答：① 3000 多个。（3,000 語余り。）

② 2500 个左右。（2,500 語くらい。）

❸ 2830 个。（2,830 語。）

④ 680 个。（680 語。）

34 (8) 問：语言早熟现象的具体表现是什么？

（言語の早熟現象とは具体的にどのようなことか。）

答：❶ **小孩儿说大人话。**（子どもが大人の言葉を話す。）

② 大人经常和孩子对话。（大人がいつも子どもと話をする。）

③ 大人说小孩儿话。（大人が子どもの言葉を話す。）

④ 孩子经常和大人对话。（子どもがいつも大人と話をする。）

35 (9) 問：为什么要经常让孩子们一起玩儿？

（なぜよく子どもたちを一緒に遊ばせる必要があるのか。）

答：① 因为孩子不愿意和大人对话。（子どもは大人と話したがらないから。）

② 因为他们看的电视节目越来越多。

（彼らが見るテレビ番組がますます増えているから。）

❸ **因为这样能使他们掌握孩子的语言。**（このようにすると彼らに子ど

もの言葉をマスターさせることができるから。)

④ 因为这样可以促进孩子的语言早熟。
(このようにすると子どもの言語の早熟を促すことができるから。)

36 ⑽ 問：与本文内容相符的是以下哪一项?
(本文の内容と一致するものは，次のどれか。)

答：❶ 不同年代的孩子学习母语的时间和过程不一样。
(異なる年代の子どもが母語を学ぶ時間と過程は異なる。)

② 三岁的女孩儿不知道“体型”是什么意思。
(3歳の女の子は「体型」という言葉の意味が分からない。)

③ 图画和书本使孩子们掌握的词语出现了空白。
(絵と本が，子どもたちがマスターする言葉に空白を生じさせる。)

④ 为了学好母语，父母应该让孩子们多看电子作品。(母語をマスターするため，親は子どもたちに多く電子作品を見せるべきである。)

筆　記

（⇨問題6頁）

1　600字程度の文章を読み，流れをつかんで適当な語句を補う8問，正しいピンインを選ぶ1問，内容の理解を問う1問に答えます。語句の知識と読解力を問います。

（各2点）

解答：(1)❸　(2)❶　(3)❹　(4)❸　(5)❷　(6)❹　(7)❷　(8)❸　(9)❶　(10)❹

羽生结弦在中国 (1)拥有 成千上万的粉丝。他深受大家喜爱的原因， (2)不是 多次打破世界纪录，夺得了两届奥运的金牌， (2)而是 不断努力进取，敢于挑战的精神。

羽生出生于1994年。小时候得过哮喘病，做过气管扩张手术。开始滑冰以后，为了提高心肺机能，他主动地进行大强度的训练，身体素质增强，技术进步得也很快。2004年第一次参加全国比赛就获得了金牌。2011年3月，他的家乡发生了大地震，滑冰场的冰面像海浪一样鼓了 (3)起来 。他拼尽全力跑回家的时候，看到的是一片废墟。在(4)避难 bìnàn 期间，他绝望过，自己问自己：“还要不要继续滑冰？”但是很快就振作 (3)起来 ，和其他运动员一起到各地举行滑冰表演，为受灾的家乡募捐。

2014年，他和另一位选手在赛前的练习中相撞，额头、下巴都受了伤。他没有听从退赛的建议，喊了一声：“上！ (5)就是／即使／就算 死也要死在冰场上”，缠着纱布上了冰场。四分三十秒的表演，八次起跳，五次摔倒，最后获得了银牌。2018年的冬奥会前，他的脚受了重伤，两个多月无法滑冰。人们觉得他不会参加比赛了，但他还是咬着牙带伤参赛， (6)并且 获得了冠军。在颁奖典礼上，他 (7)几乎 是单腿跳上了领奖台。

从2019年开始，羽生结弦第一次挑战以挪威滑冰选手的名字命名的高难度动作“阿克塞尔四周跳”（简称4A）。虽然没有成功，但他一直没有放弃，继续挑战。 (8)仅仅 在三个月之间，就挑战了一千次以上。

在今年2月北京的冬奥会上，羽生结弦继续挑战4A。功夫不负有心人，他完成了4A的动作， (9)可惜／遗憾／意外 的是落下的时候摔在了冰面上，使他名列第四，没有得到奖牌。但他这个动作被国际滑联认定为首个在世界比赛中完成的4A。

訳：羽生結弦さんは中国におびただしい数のファンをもつ。彼がみんなに深く愛される理由は，多くの世界記録を破り，2度のオリンピックで金メダルを獲得したことではなく，たゆまぬ努力で向上し，毅然と挑戦する精神にある。

羽生さんは1994年に生まれた。幼いころは喘息《ぜんそく》を患い，気管拡張手術を受けたことがある。スケートを始めてからは，心肺機能を上げるため，積極的に負荷の強い訓練を行い，身体上の素質を高め，技術もぐんぐん上達した。2004年には初めて全日本選手権に出場し金メダルを獲得した。2011年3月，彼の故郷では大地震が起こり，スケートリンクの氷が波のように隆起してしまった。彼が必死に全力で走って家に帰ったときに見えたのは，一面の廃虚であった。避難していた期間，彼は絶望し，自身に「まだスケートを続けるのか」と問うた。しかしすぐに奮い立ち，他の選手と共に各地に赴きスケートショーを開いて，被災した故郷のために寄付金を募った。

2014年，彼はある選手と試合前の練習中にぶつかってしまい，額と顎を負傷した。彼は棄権しては，との提案に従わず，ひと言「出る！たとえ死んでも氷の上で死ぬんだ」と叫び，包帯を巻いてリンクに上がった。4分30秒の演技で，8回のジャンプのうち，5回転倒したが，最終的に銀メダルを獲得した。2018年の冬季オリンピック前，彼は足を負傷し，2か月余りスケートができなかった。人々は，彼は試合に出られないだろうと思ったが，彼はやはり歯を食いしばり，傷を抱えて試合に出場し，しかも優勝したのである。表彰式では，彼はほとんど片足で表彰台に跳び上った。

2019年から，羽生結弦さんは公開の場でノルウェーのスケート選手から命名された高難度の「4回転アクセル」（略して4A）に挑戦した。成功はしなかったが，彼はずっと諦めず，挑戦を続け，わずか3か月間に千回以上挑戦した。

ことし2月の北京冬季オリンピックで，羽生結弦さんは4Aに挑戦した。努力は必ず報われるというもので，彼は4Aを完成させたが，惜しくも着氷時に転んでしまった。今回の試合では彼は4位で，メダル獲得はならなかった。しかし，彼のこのジャンプは国際スケート連盟に世界大会で初めて完成した4Aであると認定された。

(1) 空欄補充

① 具有 jùyǒu　② 占有 zhànyǒu　❸ 拥有 yōngyǒu　④ 保有 bǎoyǒu

「おびただしい数のファンをもつ」という内容になることから，「（人口・財産などを）擁する，もつ」という意味の“拥有”が正解です。“具有”は「備える，もつ」という意味で抽象名詞に用いることが多く，“占有”は「自分だけの所有とする」，“保有”は「（自分のものとして）もっている」という意味です。

⑵ 空欄補充

❶ 不是…而是… bú shì…ér shì…　② 因为…所以… yīnwei…suǒyǐ…
③ 既…又… jì…yòu…　④ 为了…而… wèile…ér…

「…ではなくて…である」という意味の“不是…而是…”を選びます。“因为…所以…”は「…なので，…」，“既…又…”は「…であり，…でもある」，“为了…而…”は「…のため，…をする」という意味です。

⑶ 空欄補充

① 上来 shanglai　② 上去 shangqu　③ 下来 xialai　❹ 起来 qilai

方向補語の問題です。スケートリンクの隆起を表すので，垂直方向への移動を表し，「盛り上がる，立ち上がる」という意味をもつ“起来”が正解です。“上来”は「上ってくる」，“上去”は「上っていく」，“下来”は「下りてくる」という意味です。

⑷ ピンイン表記

① pínán　② pínàn　❸ bìnàn　④ bìnán

“避难”は「避難する」という意味です。この場合の“难”は第2声ではなく，第4声です。

⑸ 空欄補充（不適当）

① 就是 jiùshì　❷ 不管 bùguǎn　③ 即使 jíshǐ　④ 就算 jiùsuàn

“就是”“即使”“就算”はいずれも「たとえ…でも」という意味の接続詞で，文脈に合います。“不管”は「…にかかわらず」という意味で文脈に合いません。

⑹ 空欄補充

① 同时 tóngshí　② 况且 kuàngqiě　③ 再说 zàishuō　❹ 并且 bìngqiě

文脈から「しかも」という意味の“并且”を選びます。“同时”は「同時に」，“况且”は「かつまた」，“再说”は「その上」という意味です。

⑺ 空欄補充

① 到底 dàodǐ　❷ 几乎 jīhū　③ 毕竟 bìjìng　④ 反正 fǎnzheng

文脈から“几乎”（…に近い，ほとんど）を選びます。“到底”は「とうとう，ついに」，“毕竟”は「結局」，“反正”は「どのみち」という意味です。

⑻ 空欄補充

① 明明 míngmíng　　② 整整 zhěngzhěng

❸ 仅仅 jǐnjǐn　　④ 常常 chángcháng

“在三个月之间”から，期間が短いことを表していますので，「ただ…だけ，わずかに…だけ」という意味の“仅仅”が「もう」を表す“就”と呼応して，「短い期間なのに，すでにたくさんの練習をした」との文脈に合います。“明明”は「明らかに」，“整整”は「まるまる」，“常常”は「いつも」という意味です。

⑼ 空欄補充（不適当）

❶ 难得 nándé　　② 可惜 kěxī　　③ 遗憾 yíhàn　　④ 意外 yìwài

直後の“落下的时候摔在了冰面上，使他名列第四”から，“可惜”（惜しい），“遗憾”（残念である），“意外”（意外である）は文脈に合います。“难得”は「得難い」という意味で適当ではありません。

⑽ 内容不一致

① 小时候的病没影响羽生的运动生涯。

（幼いころの病気は羽生さんの選手生命に影響しなかった。）

② 羽生 10 岁时获得了全国比赛的金牌。

（羽生さんは 10 歳のとき全日本選手権で金メダルを獲得した。）

③ 阿克塞尔未在世界比赛中完成过 4A。

（アクセルさんは世界大会で 4A を完成させてはいない。）

❹ **因为没完成 4A，羽生没拿到奖牌。**

（4A を完成させていないので，羽生さんはメダルを取れなかった。）

①は本文全体を通して，②は第 2 段落の描写から，③は一番最後の文から一致します。最後の段落から分かるように，メダルを取れなかった原因は「4A が完成したあと」“落下的时候摔在了冰面上”だからであり，「4A が完成していない」ではないので，④は一致しません。

2

解答：(1)❷　(2)❶　(3)❶　(4)❸　(5)❷　(6)❷　(7)❶　(8)❶　(9)❹　(10)❹

1．正しい文を選びます。語順や語句の用法の理解を問います。　（各2点）

(1) ① 风不但没停，反而越大越刮了。

❷ 风不但没停，反而越刮越大了。

（風はやまないどころか，かえってますます強くなった。）

③ 不但风没停，越刮反而越大了。

④ 不但风没停，越大反而越刮了。

接続詞“不但”に否定を表す語と“反而”を連用した形は，「…どころか，かえって…である」という意味で，主語は“不但”の前に置き，“反而”は後節の最初に置きます。“越…越…”は「…であればあるほど，ますます…だ」という意味ですので，意味が通るように“越刮越大”の語順にします。

(2) **❶ 世界上没有谁比妈妈更了解我。**

（世界中で母ほどわたしのことを分かってくれる人はいない。）

② 世界上没有妈妈比谁更了解我。

③ 世界上谁没有比妈妈更了解我。

④ 世界上谁比妈妈没有更了解我。

“没有谁”は「誰一人いない，誰も…ない」という意味です。比較文を作る“比”もあることから，「母ほどわたしのことを分かってくれる人はいない」という意味になる“没有谁比妈妈更了解我”を選びます。

(3) **❶ 他好不容易把电脑的密码想起来了。**

（彼はようやくパソコンのパスワードを思い出した。）

② 他想起来了把电脑的密码好不容易。

③ 他好不容易想把电脑的密码起来了。

④ 他想起来了好不容易把电脑的密码。

“把”構文の語順は「主語＋“把”＋目的語＋動詞」，“把电脑的密码想起来了”で「パソコンのパスワードを思い出した」です。“好不容易”は「ようやく」という意味で，“把”の前に置きます。

(4) ① 据天气预报说，今年梅雨比往年来一个星期左右晚。

② 天气预报据说，梅雨今年晚来一个星期左右比往年。

❸ 据天气预报说，今年梅雨比往年晚来一个星期左右。

（天気予報では，ことしの梅雨は例年より１週間ほど遅く来るそうです。）

④ 天气预报据说，今年梅雨比往年一个星期左右晚来。

“据说”は「…によると」という伝聞の表現ですが,「天気予報によると」のように,その情報源を示す場合は“据天气预报说”の語順です。「AはBより…だ」は「A＋“比”＋B＋…」の語順です。“晚来”は「遅く来る」という意味です。

(5) ① 人口的增长对经济发展不至于多大的影响产生。

❷ 人口的增长不至于对经济发展产生多大的影响。

（人口の増加は経済発展に大きな影響を及ぼすには至らないだろう。）

③ 人口的增长对经济发展多大的影响不至于产生。

④ 人口的增长不至于多大的影响对经济发展产生。

“不至于”は「(…のようなひどい状態にまでは) ならない」という意味です。介詞フレーズは動詞の前に置くので,“对经济发展产生多大的影响”です。

2. 同じ意味になる語句を選びます。語句の意味についての知識を問います。

（各２点）

(6) 他是文科生，学计算机软件设计觉得很吃力。

（彼は文系なので，コンピューターのソフトの設計を学ぶのは骨が折れる。）

① 费事 fèishì（手間がかかる，面倒である）

❷ 费劲 fèijìn（苦労する，骨が折れる）

③ 用功 yònggōng（身を入れる，熱心である）

④ 多事 duōshì（余計なことをする）

(7) 这种营养品的效果和广告上说的不一样，很多人都上当了。

（この栄養品の効果は広告と異なるので，多くの人がだまされた。）

❶ 受骗 shòupiàn（だまされる）

② 误会 wùhuì（誤解する）

③ 吃亏 chīkuī（損をする）

④ 损失 sǔnshī（損害を受ける）

(8) 我是第一次参加这样的考试，能不能及格，自己也吃不准。（わたしは初めてこのような試験に参加したので，合格できるか，自分でも自信がない。）

❶ 没有把握。Méiyǒu bǎwò.（自信がない。）

② 缺乏经验。Quēfá jīngyàn.（経験不足である。）

③ 想不出来。Xiǎngbuchūlái.（思いつかない。）

④ 不敢正视。Bùgǎn zhèngshì.（正視できない。）

⑼ 他们夫妻俩都工作，虽然工资都不算多，但生活还过得去。（彼ら夫婦はどちらも仕事をしているので，給料は多くないが，生活はどうにかやっていける。）

① 比较愉快。Bǐjiào yúkuài.（かなり愉快である。）

② 每天都忙。Měi tiān dōu máng.（毎日忙しい。）

③ 一直顺利。Yìzhí shùnlì.（ずっと順調である。）

❹ 不很困难。Bù hěn kùnnan.（それほど困窮しているわけではない。）

⑽ 别相信小刘的话，他说的外星人的故事是没影儿的事儿。（劉さんの話を信じてはいけない，彼が話すエイリアンの物語は根拠がないから。）

① 不在乎。Bú zàihu.（気にかけない。）

② 无价值。Wú jiàzhí.（価値がない。）

③ 不像话。Búxiànghuà.（話にならない。）

❹ 无根据。Wú gēnjù.（根拠がない。）

3 適当な語句を補います。読解力と語句の知識を問います。（各 2 点）

解答：⑴❶ ⑵❷ ⑶❸ ⑷❷ ⑸❹ ⑹❶ ⑺❸ ⑻❶ ⑼❹ ⑽❷

⑴ 你不要（ 拿 ）别人的缺点开玩笑。（人の欠点をからかってはいけない。）

❶ 拿 ná　② 使 shǐ　③ 抓 zhuā　④ 把 bǎ

「…をからかう」は「“拿”＋目的語＋“开玩笑”」です。“使”は「使う」，“抓”は「つかむ」，“把”は「握る」という意味です。

⑵ 我想（ 了解 ）一下这件事的前因后果。
（わたしはこの件の一部始終を知りたい。）

① 注解 zhùjiě　❷ 了解 liǎojiě　③ 分解 fēnjiě　④ 化解 huàjiě

動詞の問題です。「物事の経緯を詳しく調査して理解する」という場合は“了解”を用います。“注解”は「注を付ける」，“分解”は「分解する」，“化解”は「取り除く，消す」という意味です。

(3) 离开视听教室时，请（ 随手 ）关上灯和空调。

（LL 教室を出る際に，ついでに電気とエアコンを消してください。）

① 出手 chūshǒu ② 分手 fēnshǒu ❸ 随手 suíshǒu ④ 接手 jiēshǒu

文脈から「ついでに」という意味の“随手”が正解です。“出手”は「(品物を）手放す」，“分手”は「別れる」，“接手”は「(他人の仕事を）引き継ぐ」という意味です。

(4)（ 按照 ）老习惯，爷爷睡午觉的时候也一定要把窗帘拉上。

（いつもの習慣で，祖父は昼寝のときも必ずカーテンを閉める。）

① 照旧 zhàojiù ❷ 按照 ànzhào ③ 按说 ànshuō ④ 依靠 yīkào

文脈から「…のとおりに」という意味の“按照”が正解です。“照旧”は「これまでどおり」，“按说”は「道理から言えば」，“依靠”は「頼る，手がかりとする」という意味です。

(5) 雨过天晴，长空一片湛蓝，远处飘来几（ 朵 ）白云。（雨はやみ空は晴れ，見渡すかぎり紺碧《こんぺき》の空，遠くから白い雲がいくつか流れてきている。）

① 堆 duī ② 群 qún ③ 面 miàn ❹ 朵 duǒ

量詞の問題です。“朵”は花や雲，またはそれに似たものを数えます。“堆”はうず高く積まれたものを，“群”は群れを，“面”は鏡などの平たいものを数えます。

(6) 你考虑了三天还决定不了，那（ 干脆 ）就别买了。

（3 日間考えてもまだ決められないのなら，いっそ買うのをやめたら。）

❶ 干脆 gāncuì ② 左右 zuǒyòu ③ 究竟 jiūjìng ④ 简直 jiǎnzhí

“干脆”は「あっさり，きっぱり」という意味の副詞で，思い切ってある行動をすることを提案するニュアンスを含みます。“左右”は「どのみち」，“究竟”は「結局」，“简直”は「まるで」という意味です。

(7)（ 除非 ）有什么急事，要不这么重要的会议，张老师是不会不来的。

（何か急用でないかぎり，このような重要な会議に張先生が来ないはずがない。）

① 既然 jìrán ② 尽管 jǐnguǎn ❸ 除非 chúfēi ④ 否则 fǒuzé

“除非”（…しないかぎり）は，例外となる唯一の条件を示します。“既然”は「…したからには」，“尽管”は「…だけれども」，“否则”は「さもなくば」という意味です。

(8) 虽然失败了多次，莱特兄弟一直不（ 死心 ），终于发明了飞机。

（何度も失敗したにもかかわらず，ライト兄弟はずっと諦めず，ついに飛行機を発明した。）

❶ 死心 sǐxīn　② 伤心 shāngxīn　③ 散心 sànxīn　④ 离心 líxīn

文脈から「断念する，諦める」という意味の“死心”を選びます。“伤心”は「心を痛める」，“散心”は「気を紛らす」，“离心”は「離反する」という意味です。

(9) 人生真是不可思议，不想见的人却（ 偏偏 ）在异国他乡遇见了。

（人生とは本当に不思議なもので，会いたくない人に，よりによって異国の地で出くわした。）

① 悄悄 qiāoqiāo　② 偷偷 tōutōu　③ 渐渐 jiànjiàn　❹ 偏偏 piānpiān

副詞の問題です。“偏偏”は「よりによって」という意味で，予想が事実に反している場合に用います。“悄悄”は「ひそかに」，“偷偷”は「こそこそ，こっそりと」，“渐渐”は「だんだん」という意味です。

(10) 吃点儿苦也（ 不见得 ）不好，让孩子锻炼锻炼对他的将来有好处。

（苦しい思いをするのも悪いとは限らず，子どもを鍛えるのも，その子の将来にとって利点がある。）

① 不得已 bùdéyǐ　❷ 不见得 bújiànde

③ 不得了 bùdéliǎo　④ 不由得 bùyóude

「…であるとは限らない」という意味の“不见得”を選びます。“不得已”は「やむをえない」，“不得了”は「たまらない」，“不由得”は「つい思わず」という意味です。

4 **500 字程度の文章を読み，2 か所のピンインを漢字に改め，2 つの文を日本語に訳します。全体の内容を理解しながら，正しく漢字で書く能力，日本語の翻訳力を問います。**

((a)(b)各 2 点，(1)(2)各 7 点)

丝绸之路是古代中国与外国进行贸易的通道。它东起于古都长安，穿过河西走廊，(a) fānyuè（翻越）帕米尔高原，经阿富汗、伊朗、伊拉克、叙利亚等国而达地中海，以意大利的罗马为终点，全长 6440 公里。由于最初以丝绸贸易为主，所以被称为“丝绸之路”。中国是最早使用蚕丝的国家，被称为“丝国”。公元前一世纪，古罗马的皇帝有一次穿着丝袍去剧场看戏，引起了轰动。(1)他身上光艳华贵的中国丝绸令观众目瞪口呆，惊叹不已，人们连连赞美它的高雅华丽。

丝绸之路运送的不仅是丝帛彩绸，也连结了古代东西方文明。一路上，商旅、使臣、僧人、学者(b) chūnxiàqiūdōng（春夏秋冬）络绎不绝。骆驼商队把中国的农业、手工技术和文化传到西方；同时也把西方的农产品和文化艺术送到中国。(2)两千年来，世界发生了翻天覆地的变化，但它的美名却历久不衰，不断传诵。

訳：シルクロードは古代中国が外国と貿易を行う道であった。その東は古都長安から，河西回廊を抜け，パミール高原を越え，アフガニスタン・イラン・イラク・シリアなどを経て地中海に到達し，イタリアのローマを終点とし，全長6,440キロメートルある。この道は当初は主に絹の貿易が行われていたことから，「シルクロード」と呼ばれるようになった。中国は世界で最も早くに生糸を使い始めた国で，「絲国」と呼ばれた。紀元前1世紀，古代ローマの皇帝は，あるとき中国のシルク製の上着を着て劇場へ観劇に向かい，注目を集めたという。(1)彼がまとった美しくあでやかで豪華な中国の絹織物に，観衆はあっけにとられ，驚嘆しきりで，人々は何度もその優雅で華麗なさまを褒めたたえた。

シルクロードは絹織物を運んだだけでなく，古代の東西文化も結び付けた。そこでは旅の商人，使節，僧，学者が春夏秋冬ひっきりなしに行き来し，途切れることがなかった。ラクダ隊商は中国の農業，手仕事技術や文化を西側に伝えた。同時に西側の農産物や文化・芸術も中国に送られた。(2)二千年来，世界では天地がひっくり返るほどの変化が起こっているが，その美名は時代とともに衰えることはなく，絶えず語り継がれている。

(a)・(b)，(1)・(2)　上記参照

(1)“光艳”は「美しくあでやかなさま」，“华贵”は「豪華で貴重である」という意味で，“目瞪口呆 mùdèng-kǒudāi”は「(驚き・恐怖のために）あっけにとられる」，“惊叹不已”は「驚嘆しきりである」ことを表します。また“连连”は「何度も続けて」，“高雅”は「優雅である」，“华丽”は「華麗である」という意味です。

(2)“翻天覆地 fāntiān-fùdì”は「(変化・騒動が大きく）天地がひっくり返る」という意味です。“它”は「シルクロード」を指していて，“传诵”

は「語り継がれる」という意味です。

5 **やや長めの文4つを中国語に訳し，指定された2つの語句を使用して1つの事柄について作文します。日常で常用の語句，表現を用いて文を組み立てる能力を問います。** ((1)〜(4)各4点，(5)6点)

(1) 10年ぶりですが，一目であなただと分かりました。
虽然十年没见，但我一眼就认出你来了。

「10年ぶり」は「10年間会っていない」と考え，“十年没见”とします。「一目で」は“一眼”，「(相手が誰であるか) 分かる」は，「気づく」という意味の動詞“认”に判別・識別を表す方向補語“出来”を付けて“认出来”とします。目的語“你”は人称代名詞なので，“来”の前に置きましょう。

(2) あのレストランは人気があるので，とても席の予約が取れません。
那家餐厅很有人气，根本订不到座位。

「人気がある」は“有人气”または“受欢迎”を用います。否定文での「とても」は“根本”を，「予約が取れない」は可能補語の否定形を用い“订不到”とします。

(3) 週末はドライブに行くか，部屋を掃除するかのどちらかです。
周末不是去兜风，就是打扫房间。

「…するか…するかのどちらかだ」は“不是…就是…”を用います。「ドライブ」は“兜风”です。

(4) あんなにつまらないドラマは，もう二度と見たくありません。
那么无聊的电视剧，再也不想看了。

「つまらない」は“无聊”,「ドラマ」は“电视剧”です。「二度と…ない」は“再也不…”を用います。

(5)「故郷」について “风景”“想念”を使用
(作文例) 我的故乡是东北的一个小村庄，那里有山有水，风景很美。离开了故乡以后，我非常想念那里的朋友们。
(わたしのふるさとは東北にある村で，そこは山も川もあり，風景がとても美しい。ふるさとを離れてから，わたしはそこの友人たちをとても恋しく思う。）

「故郷」は“故乡”という単語を使うとよいでしょう。“想念”は「懐かしむ」という意味で，別れた人や環境について述べるときに使います。“风景”は「風景」という意味ですので，この２語を用いて，故郷の風景や人物についてまとめましょう。

第 107 回
(2022 年 11 月)

問　題

解答時間：計 120 分

配点：リスニング 100 点，筆記 100 点

解答と解説

リスニング （⇨解答と解説47頁）

03 **1** 1. (1)~(5)のＡの発話に対するＢの問いの答えとして最も適当なものを，①~④の中から１つ選びなさい。 (25点)

04 (1)

① ② ③ ④

05 (2)

① ② ③ ④

06 (3)

① ② ③ ④

07 (4)

① ② ③ ④

08 (5)

① ② ③ ④

09 2. (6)〜(10)のAとBの対話を聞き，それに続くAの発話として最も適当なものを，①〜④の中から１つ選びなさい。（25点）

10 (6)

① ② ③ ④

11 (7)

① ② ③ ④

12 (8)

① ② ③ ④

13 (9)

① ② ③ ④

14 (10)

① ② ③ ④

15 **2** 中国語を聞き，(1)～(10)の問いの答えとして最も適当なものを，①～④の中から1つ選びなさい。 (50点)

16

23

17

24

18 (1)

25 ① ② ③ ④

19 (2)

26 ① ② ③ ④

20 (3)

27 ① ② ③ ④

21 (4)

28 ① ② ③ ④

22 (5)

29 ① ② ③ ④

30
37

31
38

32 (6)
39 ① ② ③ ④

33 (7)
40 ① ② ③ ④

34 (8)
41 ① ② ③ ④

35 (9)
42 ① ② ③ ④

36 (10)
43 ① ② ③ ④

筆　記

（⇨解答と解説56頁）

1 次の文章を読み，(1)～(10)の問いの答えとして最も適当なものを，①～④の中から1つ選びなさい。 (20点)

我有急用去银行取钱，在银行看到了奇怪的一幕：自动取款机前的队排得很长，营业厅里却一个人也没有。我心想那些人[(1)]不到柜台取钱呢？我走到窗口说取3000，营业员[(2)]用手指着窗上贴着的一张通知，[(2)]对我说："对不起，按照规定取钱在5000以下的，要在自动取款机上取。"我看了看自动取款机前长长的队伍，心想什么时候才能排到我呀。我只好恳求营业员："我有急事，请让我在窗口取钱吧。"营业员态度非常冷漠："[(3)]！这是规定。"

这时，隔壁窗口有人取了5000块。我灵机一动有了[(4)]。我再次把银行卡递给营业员，营业员有点儿生气了："不是说了到取款机去取吗？"我说："取5000！"营业员无话可说了，立刻给我取了钱。我从取出的钱里抽出1000，连同银行卡一同递给营业员。营业员不解地望着我，我冷漠地说："存1000。"营业员张了张嘴想说什么，却什么也没[(5)]。完成了这笔存款，我又抽出1000，对营业员说："再存1000。"营业员有点儿(6)<u>恼怒</u>了："你为什么不一块儿存?!"我平淡地说："这是我的规定，我规定自己[(7)]只存1000，你们银行有不能这样存的规定吗？"

取完又存完钱，看着自动取款机前的长队，真[(8)]他们着急，心想他们中肯定有像我一样急着用钱的人。我把我的取钱"好办法"告诉了他们，排在长龙后面的大部分人都跑到柜台去了，每个人都是先取后存。一会儿，银行负责的人就出来了，向大家[(9)]说："对不起！是我们考虑不周，给各位带来不便，这个规定作废。"然后让人当场撕下了窗口上贴着的"强硬"规定。

⑴ 空欄⑴を埋めるのに適当なものはどれか。

① 那么　② 怎么　③ 多么　④ 要么

⑵ 2か所の空欄⑵を埋めるのに適当な同一の語はどれか。

① 一会儿　② 或者　③ 又　④ 一边

⑶ 空欄⑶を埋めるのに適当なものはどれか。

① 不行　② 不要　③ 可以　④ 好的

⑷ 空欄⑷を埋めるのに適当なものはどれか。

① 思想　② 思考　③ 主意　④ 心意

⑸ 空欄⑸を埋めるのに適当なものはどれか。

① 说下来　② 说出来　③ 说下去　④ 说出去

⑹ 下線部⑹の正しいピンイン表記はどれか。

① nǎonù　② làonù　③ náonǔ　④ lǎonǔ

⑺ 空欄⑺を埋めるのに適当なものはどれか。

① 一遍　② 一顿　③ 一趟　④ 一次

⑻ 空欄⑻を埋めるのに適当なものはどれか。

① 给　② 替　③ 帮　④ 朝

⑼ 空欄⑼を埋めるのに適当なものはどれか。

① 要求　② 请求　③ 道歉　④ 道谢

⑽ 本文の内容と一致するものはどれか。

① 营业员一开始就帮我从窗口取了 3000 块。

② 那天没有人用我的“好办法”在柜台取钱。

③ 银行规定低于 1000 块的存款不能在窗口办理。

④ 我的做法让银行认识到了原来规定的不妥。

2 1. (1)〜(5)の中国語①〜④の中から，正しいものを 1 つ選びなさい。 (10 点)

(1) ① 我们都已经 30 年毕业大学了。
② 我们已经毕业大学都 30 年了。
③ 我们大学毕业都已经 30 年了。
④ 我们已经都大学 30 年毕业了。

(2) ① 爸爸等一回家就我们开始吃饭。
② 等爸爸一回家就我们开始吃饭。
③ 爸爸一等回家我们就开始吃饭。
④ 等爸爸一回家我们就开始吃饭。

(3) ① 你明天多买几斤苹果来吧。
② 你明天买多几斤苹果来吧。
③ 明天你来买几斤多苹果吧。
④ 明天你几斤苹果多买来吧。

(4) ① 他还比小李 5 公分高呢。
② 他比小李还高 5 公分呢。
③ 小李比他 5 公分还高呢。
④ 小李 5 公分比他还高呢。

(5) ① 我也没听懂今天的课一点儿。
② 我今天的课也没一点儿听懂。
③ 我听懂今天的课也没一点儿。
④ 今天的课我一点儿也没听懂。

2. (6)～(10)の中国語の下線部の意味として最も適当なものを，①～④の中から1つ選びなさい。 (10点)

(6) 我们全家都觉得妈妈最拿手的菜是红烧肉。

① 擅长 ② 喜欢 ③ 讨厌 ④ 失败

(7) 田中今天是怎么了，看起来怎么这么不开心啊?

① 兴奋 ② 高兴 ③ 积极 ④ 热情

(8) 王小明做事马虎在我们班是出了名的，大家都叫他“马虎王”。

① 不谦虚 ② 不守时 ③ 不着急 ④ 不细心

(9) 认识小高的人都知道他从小时候起就经常撒谎。

① 开玩笑 ② 说大话 ③ 说假话 ④ 聊天儿

(10) 几年不见，小赵不仅成家了，还开了一家公司。

① 结婚 ② 出名 ③ 发财 ④ 买房

3 (1)〜(10)の中国語の空欄を埋めるのに最も適当なものを，①〜④の中から１つ選びなさい。 (20点)

(1) 在学校一定要（　　　）学习，不要贪玩儿。
① 真正　② 认识　③ 正确　④ 认真

(2) 我到的时候他们已经下班了，（　　　）跑了一趟。
① 黄　② 白　③ 虚　④ 灰

(3) 不（　　　）艰苦的努力，就不可能取得成功。
① 交出　② 付出　③ 超出　④ 发出

(4) 木下这（　　　）山地自行车是今年最新的款式，在年轻人中非常有人气。
① 轮　② 架　③ 辆　④ 片

(5)（　　　）老李他们来说，这些都是小问题。
① 给　② 向　③ 为　④ 对

(6) 怪不得佐藤英语说得那么好，（　　　）他是在美国长大的。
① 原来　② 原因　③ 本来　④ 从来

(7) 我们马不停蹄，（　　　）在关门之前赶了回来。
① 结束　② 至于　③ 结局　④ 终于

(8) 山田非常喜欢汉语，大学毕业后也一直（　　　）学习。
① 坚持　② 坚定　③ 持久　④ 长久

(9) 我（　　　）你早回家了呢，怎么还在这儿啊？
① 作为　② 以为　③ 思考　④ 考虑

(10)（　　　）你们说什么，我也不会改变自己的想法。
① 既然　② 只要　③ 无论　④ 尽管

4 次の文章を読み，ピンイン表記の(a)・(b)を漢字（簡体字）に改め，下線部(1)・(2)を日本語に訳しなさい。 (18 点)

阅读不仅是一种提高文化修养、(a)zēngzhǎng 知识、陶冶性情的重要途径，还是一种“健身”。某研究发现每天阅读 6 分钟，(1)减压的效果要比用同样的时间听音乐、跳舞或者散步高出三分之二以上。这是因为阅读需要精神集中，可以放松紧张的肌肉，降低心率。在这个一切都追求快节奏、各种情报泛滥的时代，人们集中精力的时间越来越短暂，而阅读有趣的读物能让人们注意力长时间高度集中，给人们提供一个相对安静放松的时段，让疲惫的心灵得到休息。阅读能潜移默化地改变一个人的内心，让你由焦躁变得沉稳，由肤浅变得深沉，阅读是人们心灵的净化剂和升华剂。

阅读还可以改善人们的社交关系。人们通过阅读(b)huòdé 知识的积累，这不但让你更能理解他人，而且还能学会“换位思考”。美国的一项研究结果发现，(2)大学生换位思考能力的大幅度下降是由于他们对科技产品过度依赖的后果。但是，阅读却可以抵消这种负面影响。

5 (1)～(4)の日本語を中国語に訳しなさい。また，(5)の指示に従って中国語で文章を書きなさい。 (22点)

(1) わたしは姉が作ったギョーザを食べたことがありません。

(2) この本は今ではもう買えなくなりました。

(3) わたしは中国語の歌を歌うのはまだあまり上手ではありません。

(4) 留学するために，彼は一生懸命にドイツ語を勉強しています。

(5) **「自分の将来の夢」について，次の2つの語句を使用して30字以上50字以内で書きなさい。**

※使用した語句には下線を引くこと。

句読点も1字と数えます。文頭を2マス空ける必要はありません。

“理想” “文化”

リスニング （⇨問題36頁）

1

解答：(1) ❷　(2) ❶　(3) ❹　(4) ❸　(5) ❹　(6) ❹　(7) ❷　(8) ❷　(9) ❶　(10) ❸

1．A の発話に対する B の問いの答えを選びます。日常会話の一言を聞き取り，素早く状況をつかむ能力を問います。（各 5 点）

04 (1) A：我们明天在家吃了午饭再去买书吧。
（わたしたちはあした家で昼ごはんを食べてから本を買いに行きましょう。）

B：说话人是什么意思？（話し手が言っている意味は？）

① 明天她想在家看书。（あしたは彼女は家で本を読みたい。）

❷ **明天她想在家吃午饭。**（あしたは彼女は家で昼ごはんを食べたい。）

③ 她想买了书后再吃午饭。
（彼女は本を買ってから昼ごはんを食べようと思っている。）

④ 明天她不想去买书。
（あしたは彼女は本を買いに行きたいと思っていない。）

05 (2) A：这件衣服样式、大小、颜色都没问题，就是有点儿贵。
（この服はデザイン，大きさ，色は全部良いが，ただ値段が少し高い。）

B：说话人是什么意思？（話し手が言っている意味は？）

❶ **对衣服的价钱不太满意。**（服の値段にあまり満足していない。）

② 不太喜欢那件衣服的颜色。（その服の色があまり気に入らない。）

③ 觉得那件衣服有点儿大。（その服は少し大きいと思っている。）

④ 觉得那件衣服不太好看。
（その服は見た目があまり良くないと思っている。）

06 (3) A：田中英语说得太快了，我一句都没听懂。（田中さんは英語を話すのが速すぎて，わたしはひと言も分かりませんでした。）

B：说话人是什么意思？（話し手が言っている意味は？）

① 田中的英语进步得非常快。（田中さんの英語の進歩は非常に速い。）

② 田中的英语她大部分都听懂了。（田中さんの英語を大部分理解した。）

③ 她不喜欢听田中说英语。
（田中さんの話す英語を聞くのが好きではない。）

❹ 她完全没听懂田中的英语。
（田中さんの英語がまったく分からなかった。）

07 (4) A：小王，你怎么才来，你看看现在都几点了？
（王さん，なぜ今頃来たのですか，今何時だと思っているの？）
B：说话人是什么意思？（話し手が言っている意味は？）
① 忘了跟小王见面的时间。（王さんと会う時間を忘れてしまった。）
② 想问问小王现在的时间。
（王さんに今の時刻を聞いてみたいと思っている。）
❸ 对小王迟到感到不满意。（王さんの遅刻を不満に感じている。）
④ 想知道小王是怎么来的。
（王さんがどうやって来たのか知りたがっている。）

08 (5) A：佐藤，真没想到你跟木下都不喜欢吃辣的。（佐藤さん，あなたと木下さんがふたりとも辛いものが好きではないとは思っていませんでした。）
B：说话人是什么意思？（話し手が言っている意味は？）
① 她也不知道木下不喜欢吃辣的。
（彼女も木下さんが辛いものが好きではないということを知らない。）
② 她没想到佐藤也不喜欢木下。
（彼女は佐藤さんも木下さんが好きではないとは思っていなかった。）
③ 她早就知道木下喜欢吃辣的。
（彼女は木下さんが辛いものが好きだということをとっくに知っていた。）
❹ 她以为佐藤喜欢吃辣的。
（彼女は佐藤さんは辛いものが好きだと思っていた。）

2. AとBの対話に続くAのことばを選びます。日常会話の短い対話を聞き取り，素早く状況をつかんで反応する能力を問います。 （各5点）

10 (6) A：你们这个星期天能把电脑寄到我家吗？
（このパソコンを日曜日にわたしの家に届けてくれますか。）
B：星期天有些困难，下星期一肯定没问题。
（日曜日は少し難しいのですが，来週月曜日なら絶対に問題ありません。）
A：① 太好了！我真没想到你们星期天就把电脑寄给我了。（よかった。日曜日にパソコンを届けてくれるとは思いもかけませんでした。）
② 太谢谢了。那我这个星期天就在家等着了。
（本当にありがとうございます。では，わたしは日曜日に家で待ちます。）

③ 星期天没问题！您对到货时间有具体的要求吗？
（日曜日で大丈夫です。配達時間に具体的なご希望はありますか。）

❹ 下星期一我出差，你们星期二寄吧。
（来週月曜日はわたしは出張なので，火曜日に届けてください。）

11 (7) A：老李的生日就要到了，我们送他两瓶酒吧。
（もうすぐ李さんの誕生日なので，お酒を２本贈りましょう。）

B：你没听说吗？上个月他去医院体检，医生不让他喝酒了。
（聞いていませんか。先月彼は病院で健康診断を受けたのですが，医者にお酒を飲まないようにと言われました。）

A：① 哎呀！老李住院了？我真的还不知道。
（えっ！李さんは入院したのですか。全然知りませんでした。）

❷ 那你说送他点儿什么好呢？茶怎么样？
（では，彼に何を贈ったらよいと思いますか。お茶はどうでしょう？）

③ 我早就对老李说过他不能喝酒。（わたしはとうの昔に李さんにお酒を飲んではいけないと言ったことがあります。）

④ 对，我也听说他过生日的时候喝了很多酒。（はい，わたしも彼が誕生日のお祝いのときにお酒をたくさん飲んだと聞きました。）

12 (8) A：大家都说这个电影很有意思，你看了吗？
（みんなこの映画は面白いと言っていますが，観ましたか。）

B：看了，我觉得没有他们说得那么好看。
（観ましたが，彼らが言うほど面白いと思いませんでした。）

A：① 这么好看的电影，我一定要去看。
（そんなに面白い映画なら，絶対に観に行かなくては。）

❷ 你这么说的话，我都不想去看了。
（あなたがそう言うなら，観に行きたくなくなりました。）

③ 你也没看过啊，那我们一起去看吧。
（あなたも観ていないのですか，じゃあ一緒に行きましょう。）

④ 真的吗？你的看法跟大家一样啊。
（本当ですか。あなたの見方は皆と同じなのですね。）

13 (9) A：田中，你这个包真漂亮，是在哪儿买的？（田中さん，あなたのそのバッグはとてもきれいですね。どこで買ったのですか。）

B：不是买的，是我考上大学姐姐送我的礼物。（買ったのではありません。

わたしが大学に合格したので姉が贈ってくれたプレゼントです。）

A：❶ 哎呀，你姐姐对你真好！真羡慕你啊！

（わあ，お姉さんはあなたにとても優しいですね。本当に羨ましい。）

② 时间过得真快，你就要考大学了！

（時間が過ぎるのは本当に速いものですね，もうすぐ大学受験ですか。）

③ 这个包你送给你姐姐，她肯定会喜欢的。

（お姉さんにこのバッグを贈ったら，きっと喜ばれますよ。）

④ 你买的这个包太漂亮了，我也想买一个。（あなたが買ったこのバッグは本当にきれいなので，わたしも１つ買いたいです。）

14 ⑽ A：请问，我想把前天买的这双黑色的鞋换成白色的，行吗？（すみません，おととい買ったこの黒い靴を白いのと取り替えたいのですが，できますか。）

B：可以是可以，不过现在没有白色的，您要等两个星期。

（できることはできるのですが，今白いのはございませんので，２週間お待ちいただきますが。）

A：① 如果没有黑色的，就换成白色的吧。

（もし黒がないなら，白と交換してください。）

② 太好了！那我这个星期六来取吧。

（それはよかった。では今週土曜日に取りに来ます。）

❸ 没问题，我能把鞋先放在你们这儿吗？

（大丈夫です。先に靴をあなたのところに預けてもいいですか。）

④ 是吗？那白色的什么时候有呢？

（そうですか。では白いのはいつ入りますか。）

2 **500字程度の２つの文章を聞き，内容についての問い５問ずつに答えます。ポイントとなる内容を聞き取り，全体の趣旨をつかむ能力を問います。**（各５点）

解答：⑴❹ ⑵❶ ⑶❸ ⑷❷ ⑸❹ ⑹❷ ⑺❸ ⑻❹ ⑼❶ ⑽❸

⑴〜⑸の中国語

16 如今越来越多的外国人成了中国文化的代言人，阿福就是其中之一。阿福是德国人，德国名字叫托马斯，“阿福”这个名字是他跟上海姑娘萍萍结婚后萍萍的爸爸给他取的，他很喜欢这个名字。

阿福第一次接触汉语和中国文化是高中一年级的时候，那时他选修了一门叫“中国文化和语言”的课，他很快就被中国文化深深地吸引了。2007 年高中毕业时他跟着汉语老师来中国旅行了三个星期，那次旅行让他更喜欢中国了。

17 高中毕业后阿福去了银行工作，三年后他辞了工作，去德国的一所大学学习中国政治和经济，两年后来到上海的复旦大学进修汉语，在那里他认识了妻子萍萍。他们 2015 年结婚后先在德国生活了一段时间，第二年就搬到了上海，到现在他已经在上海生活了六年了。阿福在上海当过德语老师、公司职员，现在他成立了一家公司，自己当老板。

阿福不仅在中国，而且在德国也非常有名。德国的一家广播电台称他是“中国互联网巨星”，他们认为让阿福出名的重要因素是他的中国家庭和语言才能，阿福能说流利的上海话和普通话。2020 年阿福在德国出版了一本叫《我的老虎爸爸》的书。这本书是用德语写的，内容是他在中国的生活。阿福说他写这本书的目的不仅是要把自己在中国的幸福和快乐传递给德国同胞，更重要的是让他们更加了解中国。

訳：昨今ますます多くの外国人が中国文化の代弁者になっているが，阿福もそのひとりである。阿福はドイツ人で，ドイツ名はトーマスと言い，「阿福」という名前は上海の女の子萍萍と結婚してから萍萍のお父さんが名付けてくれたもので，彼はこの名前をとても気に入っている。

阿福が初めて中国語と中国文化に触れたのは高校 1 年生のときで，彼は「中国文化と言語」という科目を選択し，すぐに中国文化に深くみいられた。2007 年の高校卒業時に中国語の先生に付いて中国を 3 週間旅行し，その旅行が中国を更に好きにさせたのだった。

高校卒業後，阿福は銀行で働いたが，3 年後に辞職し，ドイツのある大学で中国の政治と経済を学び，2 年後に上海の復旦大学に中国語を学びにやって来て，そこで妻の萍萍と知り合った。彼らは 2015 年に結婚後，まずドイツでしばらく生活し，翌年に上海へ引っ越し，現在に至るまですでに上海で 6 年間暮らしている。阿福は上海でドイツ語教師，会社員を経て，今は会社を立ち上げ，経営者となっている。

阿福は中国だけでなくドイツでも大変有名である。ドイツのある放送局は彼を「中国インターネットの巨星」と呼んでおり，彼らは阿福が有名になった要因は彼の中国の家庭と言葉の才能だと考えているのだが，阿福は流暢《りゅうちょう》な上海語と普通話とを話すことができる。2020 年阿福はドイツで『わたしのトラ父さん』という本を出版した。この本はドイツ語で書かれており，内容は彼の中国での生活である。阿福は，彼がこの本を書いた目的は自分の中国での幸せと楽しさを同じドイツ人に伝えるためだけでなく，更に重要なことは彼らにもっと中国を理解してもらうためだと言っている。

18 (1) 問：阿福在上海生活了多长时间了？
(阿福は上海で暮らしてどのくらいになるか。)
答：① 三个星期了。(3 週間になる。)
② 两年了。(2 年になる。)
③ 三年了。(3 年になる。)
❹ **六年了。**(6 年になる。)

19 (2) 問：阿福这个名字是谁取的？ (阿福という名前は誰が付けたか。)
答：❶ **是妻子的爸爸。**(妻のお父さん。)
② 是一家广播电台。(ある放送局。)
③ 是托马斯自己。(トーマス自身。)
④ 是汉语老师。(中国語の先生。)

20 (3) 問：阿福现在做什么工作？ (阿福は今どんな仕事をしているか。)
答：① 他在银行工作。(銀行で働いている。)
② 他在大学当老师。(大学で教師をしている。)
❸ **他是公司老板。**(会社経営者である。)
④ 他是网络作家。(ネット作家である。)

21 (4) 問：德国的那家广播电台认为让阿福出名的原因是什么？
(ドイツの放送局は阿福が有名になった原因は何だと考えているか。)
答：① 他在德国出版的那本书。(彼がドイツで出版した本。)
❷ **他的中国家庭和语言才能。**(彼の中国の家庭と言葉の才能。)
③ 他在上海当了公司的老板。(彼が上海で会社経営者となったこと。)
④ 他是中国互联网的巨星。
(彼が中国インターネットの大物であること。)

22 (5) 問：与本文内容相符的是以下哪一项？
(本文の内容と一致するものは，次のどれか。)
答：① 阿福和妻子萍萍是在德国认识的。
(阿福と彼の妻萍萍はドイツで知り合った。)

② 阿福和萍萍结婚后一直住在德国。
（阿福と萍萍は結婚後ずっとドイツに住んでいる。）

③ 高中一毕业阿福就进入大学学习中国政治和经济。
（高校を卒業してすぐに阿福は大学に入学し中国の政治と経済を学んだ。）

❹ 阿福写书最主要的目的是为了让德国人更加了解中国。
（阿福が本を書いた最大の目的は，ドイツ人に中国をもっとよく知ってもらうことだった。）

(6)～(10)の中国語

30 一般来说，养老院是老人住的地方，但在杭州却有一家比较特别的养老院，因为这里住着不少年轻人。年轻人的房间不大，但里面有书桌、衣柜，还有卫生间和阳台，生活很方便。

入住这家养老院的年轻人每个月只要付 500 元租金，但每个月必须为老人提供至少 20 个小时的志愿服务。服务的形式多种多样，可以陪老人聊天儿、看电视、教老人使用手机，还可以进行书画、音乐等教学。

年轻人入住养老院必须符合三个条件，第一是单身；第二要有大学本科以上的学历，如果是本科，毕业后不能超过 7 年，研究生以上学历没有这个限制；第三是在市区无住房。入住后，如果志愿服务时间不够，或者老人不满意，还会被取消入住资格。

31 当初让年轻人入住是因为养老院当时床位有富余，没想到年轻人一来就受到了老人们的欢迎，他们说和年轻人在一起不仅学到了很多新知识，更重要的是心态变年轻了。而对很多年轻人来说，住在养老院就像跟自己的爷爷奶奶住在一起一样，他们也从老人那里得到了许多关爱，感觉到了家的温暖。养老院的负责人说，虽然现在床位很紧张，但也不会取消让年轻人入住的制度。

将年轻人引入养老空间，在德国和美国已经有先例，这种“老少融合”的养老模式也将在中国慢慢普及和发展。

訳：一般に，老人ホームは高齢者が住む場所ですが，杭州にはかなり特殊な老人ホームがあります。というのも，そこには少なからぬ若者が住んでいるからです。若者の部屋は大きくはありませんが，部屋の中には本棚，洋服ダンスに，トイレとベランダがあり，生活するには便利です。

この老人ホームに入居する若者は毎月 500 元の賃料を支払うだけでよいので

すが，毎月必ず老人に対して最低20時間のボランティア活動を行わなくてはなりません。活動の仕方はさまざまで，老人に付き添っておしゃべりしたり，テレビを見たり，スマホの使い方を教えたりしてもよいですし，また書道や絵画，音楽等を教えてもかまいません。

若者が老人ホームに入居するには，3つの条件に合致している必要があります。第一に独身であること，第二に大学の学部以上の学歴があることで，学部なら卒業後7年を超えていてはならず，大学院以上の学歴の場合はこの制限はありません。第三に市内に住居を持っていないことです。入居後は，ボランティア活動の時間が不足したり，老人が不満を感じたら，入居資格が取り消されます。

当初若者に入居させたのは，老人ホームの営業開始時直後のベッド数に余裕があったからで，若者が来るなり老人たちの人気の的になるとは思っていませんでした。老人たちは，若者と一緒にいると新しい知識をたくさん得ることができるだけでなく，より重要なことは気持ちが若くなったことだと言います。一方多くの若者にとって，老人ホームに住むことは自分の祖父母と一緒に住んでいるのと同じことであり，彼らも老人からたくさんの愛情を得て，家の温もりを感じています。老人ホームの責任者は，今ベッド数に余裕はありませんが，それでも若者が入居する制度を廃止することはない，と話します。

若者を養老の空間に引き入れることは，ドイツとアメリカですでに先例があり，こうした「老若融合」の養老モデルは中国でも徐々に普及し発展していくでしょう。

32 (6) 問：为什么说杭州的那家养老院比较特别?
(なぜ杭州のこの老人ホームはかなり特殊なのか。)

答：① 因为养老院的房间有阳台和卫生间。
(老人ホームの部屋にベランダとバス・トイレルームがあるから。)

❷ 因为那家养老院住着很多年轻人。
(その老人ホームにはたくさんの若者が住んでいるから。)

③ 因为那家养老院的入住费非常便宜。
(その老人ホームの入居費がとても安いから。)

④ 因为那家养老院提供的房间特别小。
(その老人ホームが提供している部屋がとても小さいから。)

33 (7) 問：入住那家养老院的年轻人要付多少房费?
(その老人ホームに入居する若者は住居費をいくら支払うのか。)

答：① 一天 20 块。（1 日 20 元。）

② 一天 50 块。（1 日 50 元。）

❸ 一个月 500 块。（1 か月 500 元。）

④ 一个月 700 块。（1 か月 700 元。）

34 (8) 問：那家养老院对入住的年轻人有什么要求？

（その老人ホームは入居する若者についてどのような要求をしているか。）

答：① 一定得是单身的男性。（必ず独身の男性であること。）

② 在杭州有自己的住房。（杭州で自分の家を持っていること。）

③ 大学毕业后一定要工作 7 年以上。

（大学卒業後必ず 7 年以上働いていること。）

❹ 一定要有大学本科以上的学历。

（必ず大学の学部以上の学歴を有していること。）

35 (9) 問：年轻人入住后在什么情况下会被取消入住资格？

（若者は入居後どのような状況になると入居資格を取り消されるか。）

答：**❶ 志愿服务时间没有达到 20 个小时。**

（ボランティア活動時間が 20 時間に達していない。）

② 没让老人学到新知识、心态变年轻。

（老人に新しい知識を学ばせ，気持ちを若返らせていない。）

③ 没有每天陪老人聊天儿、看电视。

（毎日老人に付き合っておしゃべりし，テレビを見ていない。）

④ 养老院的床位特别紧张的时候。

（老人ホームのベッド数が非常に不足しているとき。）

36 (10) 問：与本文内容相符的是以下哪一项？

（本文の内容と一致するものは，次のどれか。）

答：① 年轻人住的房间有卫生间和阳台，但没有衣柜。（若者が住んでいる部屋にはトイレとベランダはあるが，洋服ダンスはない。）

② 让年轻人入住养老院是为了向美国学习。

（若者を老人ホームに入居させたのはアメリカを見習うためだった。）

❸ 中国不是第一个让年轻人入住养老院的国家。

（中国は初めて若者を老人ホームに入居させた国ではない。）

④ 刚开始时老人们不太欢迎年轻人入住养老院。

（始めたばかりのとき，老人たちは若者が老人ホームに入居することをあまり歓迎していなかった。）

筆　記

(⇨問題40頁)

1 600字程度の文章を読み，流れをつかんで適当な語句を補う8問，正しいピンインを選ぶ1問，内容の理解を問う1問に答えます。語句の知識と読解力を問います。

(各2点)

解答：(1)❷　(2)❹　(3)❶　(4)❸　(5)❷　(6)❶　(7)❹　(8)❷　(9)❸　(10)❹

我有急用去银行取钱，在银行看到了奇怪的一幕：自动取款机前的队排得很长，营业厅里却一个人也没有。我心想那些人 (1)怎么 不到柜台取钱呢？我走到窗口说取3000，营业员 (2)一边 用手指着窗上贴着的一张通知，(2)一边 对我说："对不起，按照规定取钱在5000以下的，要在自动取款机上取。"我看了看自动取款机前长长的队伍，心想什么时候才能排到我呀。我只好恳求营业员："我有急事，请让我在窗口取钱吧。"营业员态度非常冷漠："(3)不行！这是规定。"

这时，隔壁窗口有人取了5000块。我灵机一动有了 (4)主意。我再次把银行卡递给营业员，营业员有点儿生气了："不是说了到取款机去取吗？"我说："取5000！"营业员无话可说了，立刻给我取了钱。我从取出的钱里抽出1000，连同银行卡一同递给营业员。营业员不解地望着我，我冷漠地说："存1000。"营业员张了张嘴想说什么，却什么也没 (5)说出来。完成了这笔存款，我又抽出1000，对营业员说："再存1000。"营业员有点儿(6)恼怒 nǎonù 了："你为什么不一块儿存？！"我平淡地说："这是我的规定，我规定自己 (7)一次 只存1000，你们银行有不能这样存的规定吗？"

取完又存完钱，看着自动取款机前的长队，真 (8)替 他们着急，心想他们中肯定有像我一样急着用钱的人。我把我的取钱"好办法"告诉了他们，排在长龙后面的大部分人都跑到柜台去了，每个人都是先取后存。一会儿，银行负责的人就出来了，向大家 (9)道歉 说："对不起！是我们考虑不周，给各位带来不便，这个规定作废。"然后让人当场撕下了窗口上贴着的"强硬"规定。

訳：わたしは急用のため銀行にお金を引き出しに行ったのだが，そこで不思議な一幕を目にした。ATMの前の列がとても長いのに，ホールにはひとりもいないのである。わたしは，あの人たちはなぜ窓口に引き出しに行かないのだろう，と思った。わたしは窓口に行き，3000 元引き出しますと言った。営業担当者は窓口に貼ってある 1 枚のお知らせを指差しながら，わたしに言った。「申し訳ございません。引き下ろしが 5000 元以下の場合は規則に基づき，ATM で引き出す必要があります」わたしは ATM の前の長い列をちらっと見て，いつになったら自分の番が来ることやらと思った。わたしは職員に「急ぎなので，窓口で引き出させてもらえませんか」と懇願するしかなかった。営業担当者の態度は非常に冷たかった。「だめです！これは規則です」。

そのとき，隣の窓口で 5000 元を引き出した人がいた。わたしはとっさに考えがひらめいた。わたしが再び銀行カードを営業担当者に手渡すと，担当者は少し怒って「ATM で引き下ろしてくださいと申し上げませんでしたか」と言ったので，わたしは「5000 元引き下ろします」と言った。営業担当者は返す言葉がなく，すぐにわたしのためにお金を下ろしてくれた。わたしは引き下ろしたお金の中から 1000 元抜き出し，銀行カードと一緒に営業担当者に手渡した。担当者は不可解な様子でわたしを見たので，わたしは冷たく「1000 元預けます」と言い放った。営業担当者は何か言おうとしたが，何も言えなかった。この入金が終わってから，わたしはまた 1000 元抜き出し，担当者に言った。「もう 1000 元預けます」営業担当者は少しムッとして言った。「どうして一緒に預けないのです？」わたしは淡々と答えた。「これはわたしの規則です。わたしは自分に一度に 1000 元しか預けないという規則を課しているのです。あなたがたの銀行にはそのように預けることのできないという規則がありますか」。

お金を出し，また入れ終えたあと，ATM の前の長蛇の列を見て，彼らの代わりにとても焦った気持ちになった。彼らの中にはきっとわたしのように大急ぎでお金が必要な人もいるはずだろう。わたしの引き下ろしの「よい方法」を彼らに話すと，長蛇の後ろのほうに並んでいた大部分の人がカウンターに駆け寄って行き，全員がまず引き出し，それから預けた。しばらくして，銀行の責任者が出て来て，皆に向かってお詫びして「申し訳ございません。わたしたちの配慮が行き届かず，皆様に不便をおかけいたしました。この規則は無効にいたします」と言うと，窓口に貼ってあった「強硬な」規則をその場で破らせた。

(1) 空欄補充

① 那么 nàme　❷ 怎么 zěnme　③ 多么 duōme　④ 要么 yàome

心の中でいぶかしく思っていることを表し，文末に“呢？”が用いられていることから，“怎么”（なぜ）を選びます。“那么”は「あんなに」，

“多么”は「どれほど」，“要么”は「さもなければ」です。

(2) 空欄補充

① 一会儿 yíhuìr　② 或者 huòzhě　③ 又 yòu　❹ 一边 yìbiān

“用手指着窗上贴着的一张通知”と“对我说”という2つの動作・行為が同時に行われていることから“一边…一边…”（…しながら…する）を選びます。“一会儿…一会儿…”は「しばらく…してはまた…する」，“或者…或者…”は「あるいは…あるいは…」，“又…又…”は「…でもありまた…でもある」です。

(3) 空欄補充

❶ 不行 bùxíng　② 不要 bú yào　③ 可以 kěyǐ　④ 好的 hǎo de

“我只好恳求营业员”に対し，“营业员态度非常冷漠”とあり，否定的な受け答えでなくては成立しないため，“不行”（だめだ）を選びます。“不要”は「要らない」，“可以”は「よい，かまわない」，“好的”は「(肯定の返事の）はい」です。

(4) 空欄補充

① 思想 sīxiǎng　② 思考 sīkǎo　❸ 主意 zhǔyi　④ 心意 xīnyì

“灵机一动”から，ひらめいたのは“主意”（アイデア，考え）です。“思想”は「思想」，“思考”は「思考する」，“心意”は「気持ち」です。

(5) 空欄補充

① 说下来 shuōxialai　❷ 说出来 shuōchulai

③ 说下去 shuōxiaqu　④ 说出去 shuōchuqu

“营业员张了张嘴想说什么”の後に“却什么也没…”と続くことから，全く何も言っていないということになるため，“说出来”（口に出す）を選びます。“说下来”は「話してみると」，“说下去”は「話し続ける」，“说出去”は「言いふらす」です。

(6) ピンイン表記

❶ nǎonù　② làonù　③ náonǔ　④ lǎonǔ

子音の“n”と“l”は混同しやすいので注意が必要です。また，声調の第2声と第3声の区別もあいまいでないか，チェックしましょう。

(7) 空欄補充

① 一遍 yí biàn　② 一顿 yí dùn　③ 一趟 yí tàng　❹ 一次 yí cì

数量詞の問題です。“存”（預ける）という動作の回数は“次”で数えます。“遍”は最初から最後までの一とおりの回数を，“顿”は食事や叱責などの回数を，“趟”は往復の回数を数えます。

(8) 空欄補充

① 给 gěi　❷ 替 tì　③ 帮 bāng　④ 朝 cháo

ATMの前で長蛇の列を成している人々に成り代わっての気持ちを表しているので,“替”（…に代わって）を選びます。“给”は「…のために」，“帮”は「…を助けて」，“朝”は「…に向かって」です。

(9) 空欄補充

① 要求 yāoqiú　② 请求 qǐngqiú　❸ 道歉 dàoqiàn　④ 道谢 dàoxiè

皆に向かって“对不起”と言っているので“道歉”（お詫びする）を選びます。“要求”は「要求する」，“请求”は「要望する」，“道谢”は「感謝する」です。

(10) 内容一致

① 营业员一开始就帮我从窗口取了3000块。（営業担当者はすぐにわたしが窓口で3000元を受け取れるようにしてくれた。）

② 那天没有人用我的“好办法”在柜台取钱。（その日わたしの「よい方法」を使ってカウンターでお金を引き出した人はいなかった。）

③ 银行规定低于1000块的存款不能在窗口办理。（銀行は1000元以下の預け入れは窓口で手続きをすることができないと定めている。）

❹ **我的做法让银行认识到了原来规定的不妥。**
（わたしのやり方は銀行に元の規定が適当でないことを認識させた。）

2

解答：(1)❸　(2)❹　(3)❶　(4)❷　(5)❹　(6)❶　(7)❷　(8)❹　(9)❸　(10)❶

1. 正しい文を選びます。語順や語句の用法の理解を問います。　（各2点）

(1) ① 我们都已经30年毕业大学了。
② 我们已经毕业大学都30年了。
❸ **我们大学毕业都已经30年了。**
（わたしたちはみな大学を卒業して30年になる。）
④ 我们已经都大学30年毕业了。

「大学を卒業する」は“大学毕业”です。経過した時間の長さは動詞より後に置かなくてはなりません。

(2) ① 爸爸等一回家就我们开始吃饭。
② 等爸爸一回家就我们开始吃饭。
③ 爸爸一等回家我们就开始吃饭。
❹ **等爸爸一回家我们就开始吃饭。**
（父が帰宅したらわたしたちはすぐに食事をし始める。）

「…したらすぐ…」は“等…就…”の形で“等”の後に「…したら」を，“就”の後に「すぐ…」を言います。“就”は副詞なので述語部分や代名詞の前に置きます。

(3) ❶ **你明天多买几斤苹果来吧。**
（あした何斤か多めにりんごを買って来てください。）
② 你明天买多几斤苹果来吧。
③ 明天你来买几斤多苹果吧。
④ 明天你几斤苹果多买来吧。

「多めに…する」は「“多”＋動詞」です。数量は述語となる動詞の後に置かなくてはなりません。

(4) ① 他还比小李5公分高呢。
❷ **他比小李还高5公分呢。**（彼は李さんより更に5センチ背が高い。）
③ 小李比他5公分还高呢。
④ 小李5公分比他还高呢。

比較表現は「A +“比”+ B +形容詞+差」です。

(5) ① 我也没听懂今天的课一点儿。

② 我今天的课也没一点儿听懂。

③ 我听懂今天的课也没一点儿。

❹ 今天的课我一点儿也没听懂。

（きょうの授業は少しも聞いて分からなかった。）

「少しも…なかった」は“一点儿也没…”です。

2. 同じ意味になる語句を選びます。語句の意味についての知識を問います。

（各 2 点）

(6) 我们全家都觉得妈妈最拿手的菜是红烧肉。

（わたしたち家族全員，母の最も得意な料理は肉の醬油煮込みだと思っています。）

❶ 擅长 shàncháng　② 喜欢 xǐhuan

③ 讨厌 tǎoyàn　④ 失败 shībài

「得意だ」という意味の“擅长”を選びます。“喜欢”は「好きだ」，“讨厌”は「嫌う」，“失败”は「失敗する」です。

(7) 田中今天是怎么了，看起来怎么这么不开心啊？（田中さんはきょうはどうしたのですか。なぜこんなに楽しくなさそうに見えるのでしょう。）

① 兴奋 xīngfèn　❷ 高兴 gāoxìng

③ 积极 jījí　④ 热情 rèqíng

「機嫌がよい」という意味の“高兴”を選びます。“兴奋”は「興奮する」，“积极”は「積極的だ」，“热情”は「親切だ」です。

(8) 王小明做事马虎在我们班是出了名的，大家都叫他“马虎王”。

（王小明のやり方が大ざっぱなことはわたしたちのクラスでは有名で，皆彼を「大ざっぱ王」と呼んでいる。）

① 不谦虚 bù qiānxū　② 不守时 bù shǒushí

③ 不着急 bù zháojí　❹ 不细心 bú xìxīn

「丁寧でない」という意味の“不细心”を選びます。“不谦虚”は「謙虚でない」，“不守时”は「時間を守らない」，“不着急”は「慌てない」です。

(9) 认识小高的人都知道他从小时候起就经常撒谎。(高さんを知っている人は，みな彼が小さいときからよくうそをつくことを知っている。)

① 开玩笑 kāi wánxiào　　② 说大话 shuō dàhuà

❸ 说假话 shuō jiǎhuà　　④ 聊天儿 liáotiānr

「うそをつく」という意味の“说假话”を選びます。“开玩笑”は「冗談を言う」，“说大话”は「ほらを吹く」，“聊天儿”は「おしゃべりをする」です。

(10) 几年不见，小赵不仅成家了，还开了一家公司。
(何年か見ないうちに，趙さんは結婚しただけでなく，会社も興していた。)

❶ 结婚 jiéhūn　　② 出名 chūmíng

③ 发财 fācái　　④ 买房 mǎi fáng

“成家”は「一家を成す」つまり“结婚”(結婚する)を意味します。“出名”は「有名になる」，“发财”は「金持ちになる」，“买房”は「家を買う」です。

3 適当な語句を補います。読解力と語句の知識を問います。　(各2点)

解答：(1)❹ (2)❷ (3)❷ (4)❸ (5)❹ (6)❶ (7)❹ (8)❶ (9)❷ (10)❸

(1) 在学校一定要（ 认真 ）学习，不要贪玩儿。(学校では必ず真面目に勉強しなくてはならず，遊んでばかりいてはいけません。)

① 真正 zhēnzhèng　　② 认识 rènshi

③ 正确 zhèngquè　　❹ 认真 rènzhēn

“学习”の前に連用修飾語として置くことができるのは“认真”(真面目だ)です。“真正”は「真の」，“认识”は「知っている」，“正确”は「正確だ」です。

(2) 我到的时候他们已经下班了，（ 白 ）跑了一趟。
(わたしが着いたときには彼らはすでに退勤していたので，むだ足だった。)

① 黄 huáng　　❷ 白 bái　　③ 虚 xū　　④ 灰 huī

“白”は「むだに」，“白跑了一趟”で「むだ足を運ぶ」です。“黄”は「黄色い」，“虚”は「むなしく」，“灰”は「灰色の」です。

⑶ 不（ 付出 ）艰苦的努力，就不可能取得成功。

（苦しい努力をしなければ，成功を手に入れることはできない。）

① 交出 jiāochū　❷ 付出 fùchū　③ 超出 chāochū　④ 发出 fāchū

“付出”は「払う，費やす」，“付出努力”で「努力を払う」です。“交出”は「提出する」，“超出”は「超える」，“发出”は「出す」です。

⑷ 木下这（ 辆 ）山地自行车是今年最新的款式，在年轻人中非常有人气。

（木下さんのこのマウンテンバイクはことしの最新モデルで，若い人の間でとても人気がある。）

① 轮 lún　② 架 jià　❸ 辆 liàng　④ 片 piàn

量詞の問題です。車輪のある乗り物を数える“辆”を選びます。“轮”は循環するものを，“架”は組み立てられたものを，“片”は薄いものや広がっているものを数えます。

⑸（ 对 ）老李他们来说，这些都是小问题。

（李さんらにとっては，これらはささいな問題だ。）

① 给 gěi　② 向 xiàng　③ 为 wèi　❹ 对 duì

“对…来说”で「…にとっては」です。“给”は受益者を示す「…のために」，“向”は「…に向かって」，“为”は目的を示す「…のために」です。

⑹ 怪不得佐藤英语说得那么好，（ 原来 ）他是在美国长大的。

（道理で佐藤さんは英語があんなに上手なわけだ，アメリカで育ったのだ。）

❶ 原来 yuánlái　② 原因 yuányīn　③ 本来 běnlái　④ 从来 cónglái

「…だったのか」という意味の“原来”を選びます。“原因”は「原因」，“本来”は「本来」，“从来”は「従来」です。

⑺ 我们马不停蹄，（ 终于 ）在关门之前赶了回来。

（わたしたちは速度を緩めず，ついに門が閉まる前に戻って来た。）

① 结束 jiéshù　② 至于 zhìyú　③ 结局 jiéjú　❹ 终于 zhōngyú

“终于”は「ついに」という意味の副詞です。“结束”は「終わる」，“至于”は「…に至っては」，“结局”は「結末」です。

⑻ 山田非常喜欢汉语，大学毕业后也一直（ 坚持 ）学习。

（山田さんは中国語が大好きで，大学卒業後もずっと勉強を続けている。）

❶ 坚持 jiānchí　② 坚定 jiāndìng　③ 持久 chíjiǔ　④ 长久 chángjiǔ

「堅持する，持ちこたえる」という意味の“坚持”を選びます。“坚定”は「揺るぎない」，“持久”は「長く続く」，“长久”は「長く久しい」です。

⑼ 我（ 以为 ）你早回家了呢，怎么还在这儿啊？

（あなたはとっくに家に帰ったと思っていたのに，なぜまだここにいるの？）

① 作为 zuòwéi　❷ 以为 yǐwéi　③ 思考 sīkǎo　④ 考虑 kǎolǜ

「…だと思った（が違った）」という意味の“以为”を選びます。“作为”は「…とする」，“思考”は「よく考える」，“考虑”は「考慮する」です。

⑽（ 无论 ）你们说什么，我也不会改变自己的想法。

（あなたたちがどう言おうと，わたしは自分の考えを変えるつもりはない。）

① 既然 jìrán　② 只要 zhǐyào　❸ 无论 wúlùn　④ 尽管 jǐnguǎn

“无论”は「…であろうと」という意味で，いかなる条件の下においても，結論に変わりがないことをいうのに用いられます。“既然”は「…である以上」，“只要”は「…しさえすれば」，“尽管”は「…ではあるけれども」です。

4　500字程度の文章を読み，2か所のピンインを漢字に改め，2つの文を日本語に訳します。全体の内容を理解しながら，正しく漢字で書く能力，日本語の翻訳力を問います。　（(a)(b)各2点，(1)(2)各7点）

阅读不仅是一种提高文化修养、(a) zēngzhǎng（增长）知识、陶冶性情的重要途径，还是一种“健身”。某研究发现每天阅读6分钟，(1)减压的效果要比用同样的时间听音乐、跳舞或者散步高出三分之二以上。这是因为阅读需要精神集中，可以放松紧张的肌肉，降低心率。在这个一切都追求快节奏、各种情报泛滥的时代，人们集中精力的时间越来越短暂，而阅读有趣的读物能让人们注意力长时间高度集中，给人们提供一个相对安静放松的时段，让疲惫的心灵得到休息。阅读能潜移默化地改变一个人的内心，让你由焦躁变得沉稳，由肤浅变得深沉，阅读是人们心灵的净化剂和升华剂。

阅读还可以改善人们的社交关系。人们通过阅读(b) huòdé（获得）知识的积累，这不但让你更能理解他人，而且还能学会“换位思考”。美国的一项研究结果发现，(2)大学生换位思考能力的大幅度下降是由于他们对科技产品过度依赖的后果。但是，阅读却可以抵消这种负面影响。

訳：読むことは文化修養を高め，知識や感性を豊かにする重要な手段であるだけでなく，一種の「フィットネス（健康法）」でもある。ある研究で，毎日6分間読むことをすると，(1)ストレスを軽減する効果は，同じ長さの音楽を聴くことや，同じ長さのダンスあるいは散歩をすることより3分の2以上高いということが明らかになった。これは，読むのに精神の集中が必要で，それによって緊張している筋肉をリラックスさせ，心拍数を下げることができるからである。すべてにおいて速いテンポが求められ各種の情報が氾濫するこの時代において，人々が精神を集中する時間はますます短くなっているが，面白い読み物を読むことは人々の注意力を長時間にわたって高度に集中させることができ，相対的に静かでリラックスした時間を提供し，疲弊した心を休息させることになる。読むことは知らず知らずのうちに人の心の中を変え，焦っていらいらとした状態から落ち着いた穏やかな状態へと変え，薄っぺらな人間から深みと厚みのある人間へと変える。読むことは人の魂を浄化し昇華させる一種の「解毒剤」である。

読むことはまた人々の社会的な関係を改善することも可能であり，読むことを通して知識の蓄積を獲得することは，他人をよりよく理解することができるようにさせるだけでなく，「相手の立場に立って考える」ことを習得できるようにさせる。アメリカのある研究結果は，(2)大学生の相手の立場に立って考える能力の大幅な下降は，彼らの科学技術製品への過度な依存の結果だということを示している。しかし，読むことはこうしたマイナス面の影響を帳消しにすることが可能である。

(a)・(b)，(1)・(2)　上記参照

(1)“减压”は「ストレスを軽減する」。

(2)“换位思考”は「相手の立場に立って考える」。“由于…的后果”で「…による結果」。“后果”は多く悪い結果をいうのに用いられます。訳し方は「…の結果」でもかまいません。

5 やや長めの文４つを中国語に訳し，指定された２つの語句を使用して１つの事柄について作文します。日常で常用の語句，表現を用いて文を組み立てる能力を問います。

((1)～(4)各４点，(5)６点)

(1) わたしは姉が作ったギョーザを食べたことがありません。

我没吃过姐姐包的饺子。

「…したことがない」は「“没（有)”＋動詞＋“过”」です。「姉が作ったギョーザ」は「姉が作る」と「ギョーザ」の間に連体修飾語関係を示す“的”が必要です。ギョーザや肉まんのように中に餡《あん》を包む食品を「作る」は“包”を用い，“包饺子”“包包子”と言います。

(2) この本は今ではもう買えなくなりました。

这本书现在已经买不到了。

「今ではもう」から，「買えない」は時間の経過で物自体がなくなり買えないことを表しているので，“买不到”を用います。「…なった」は，文末に変化や新しい事態の発生を表す“了”を置いて表現します。

(3) わたしは中国語の歌を歌うのはまだあまり上手ではありません。

我中文歌唱得还不太好。

「歌うのは上手ではない」は，様態補語を用いて「動詞＋“得”＋形容詞」とします。「まだ」「あまり」はそれぞれ副詞“还”“不太”を形容詞の前に置きます。また，“中文歌”の前にも動詞の“唱”を置き，“我唱中文歌唱得还不太好”とすることも可能です。

(4) 留学するために，彼は一生懸命にドイツ語を勉強しています。

为了去留学，他在非常努力地学习德语。

「…するために」という目的を導くには介詞“为了”を用います。「一生懸命に勉強する」は連用修飾語を用い“努力地学习”と言い，「…している」でそのことが進行中であることから，“在”を前に置きます。

(5)「自分の将来の夢」について　“理想”“文化”を使用

(作文例) **我的理想是周游世界，因为周游世界不但能接触到不同的文化、提升自己，还能交到很多世界各地的朋友。**

(わたしの夢は世界中を旅することである。なぜなら，世界中を旅することは異なる文化に触れ，自己を高めることができるだけでなく，世界中の人々と友達になることができるからである。)

“理想”には「(将来の) 夢」という意味がありますから，“我的理想”で「わたしの (将来の) 夢」です。“因为”は後に原因や理由を導きます。“不但…还…”は，「…だけでなく，その上…も」という付加を表します。“接触到”“交到”は「動詞＋結果補語“到”」の形で，ある行為を成し遂げることや目的や目標に達することを表します。

中国語検定試験について

一般財団法人 日本中国語検定協会が実施し，中国語運用能力を認定する試験です。受験資格の制限はありません。また，目や耳，肢体などが不自由な方には特別対応を講じます。中国語検定試験の概要は以下のとおりです。詳しくは後掲（71 頁）の日本中国語検定協会のホームページや，協会が発行する「受験案内」をご覧いただくか，協会に直接お問い合わせください。

認定基準と試験内容

準4級	**中国語学習の準備完了** 学習を進めていくうえでの基礎的知識を身につけていること。 （一般大学の第二外国語において半年以上，高等学校において一年以上，中国語専門学校・講習会等において半年以上の学習程度。） 基礎単語約 500，日常あいさつ語約 80 から ○単語・語句の発音，数を含む表現，日常生活における基本的な問答及びあいさつ表現の聞き取り ○単語・語句のピンイン表記 ○基礎的な文法事項及び単文の組み立て ○簡体字の書き取り
4　級	**中国語の基礎をマスター** 平易な中国語を聞き，話すことができること。 （一般大学の第二外国語において一年以上の学習程度。） 常用語約 1,000 から ○日常生活における基本的な問答，比較的長い会話文または文章の聞き取りと内容理解 ○単語・語句のピンイン表記・声調 ○基本的な文法事項及び文法事項を含む単文の組み立て ○比較的長い文章の内容理解 ○日本語の中国語訳（記述式）
3　級	**自力で応用力を養いうる能力の保証（一般的事項のマスター）** 基本的な文章を読み，書くことができること。 簡単な日常会話ができること。 （一般大学の第二外国語において二年以上の学習程度。） 常用語約 2,000 から ○日常生活における基本的な問答，比較的長い会話文または文章の聞き取りと内容理解 ○単語・語句のピンイン表記・声調 ○基本的な文法事項及び文法事項を含む単文・複文の組み立て ○比較的長い文章の内容理解 ○日本語の中国語訳（記述式）

2　級	**実務能力の基礎づくり完成の保証** 複文を含むやや高度な中国語の文章を読み，３級程度の文章を書くことができること。 日常的な話題での会話が行えること。 日常生活全般及び社会生活の基本的事項における中国語から ○日常会話及び長文の聞き取りと内容理解 ○長文読解と長文中の語句に関する理解 ○正しい語順と語句の用法，熟語・慣用句を含む語句の解釈 ○長文中の指定語句の書き取り及び指定文の日本語訳（記述式） ○日本語の中国語訳（記述式） ○与えられた語句を用いたテーマに沿った中国語作文（記述式）
準１級	**実務に即従事しうる能力の保証（全般的事項のマスター）** 社会生活に必要な中国語を基本的に習得し，通常の文章の中国語訳・日本語訳，簡単な通訳ができること。 日常生活及び社会生活全般における，新聞・雑誌・文学作品・実用文のほか，時事用語などを含むやや難度の高い中国語から **(一次)** ○長文の聞き取りと内容理解 ○長文中の指定文の書き取り（記述式） ○長文読解と長文中の語句に関する理解 ○語句の用法，熟語・慣用句を含む語句の解釈 ○長文中の指定語句の書き取り及び指定文の日本語訳（記述式） ○比較的長い日本語の中国語訳（記述式） ○与えられた語句を用いたテーマに沿った中国語作文（記述式） **(二次)** ○日常会話，簡単な日本語・中国語の逐次通訳及び中国語スピーチ
１　級	**高いレベルで中国語を駆使しうる能力の保証** 高度な読解力・表現力を有し，複雑な中国語及び日本語（挨拶・講演・会議・会談等）の翻訳・通訳ができること。 日常生活及び社会生活全般における，新聞・雑誌・文学作品・実用文のほか，時事用語などを含む難度の高い中国語から **(一次)** ○長文の聞き取りと内容理解 ○長文中の指定文の書き取り（記述式） ○長文読解と長文中の語句に関する理解 ○語句の用法，熟語・慣用句を含む語句の解釈 ○長文中の指定文の日本語訳（記述式） ○比較的長い日本語の中国語訳（記述式） ○与えられた語句を用いたテーマに沿った中国語作文（記述式） **(二次)** ○難度の高い日本語・中国語の逐次通訳

日程と時間割

準４級，４級，３級，２級及び準１級の一次試験は３月，６月，11月の第４日曜日の年３回，１級の一次試験は11月の第４日曜日の年１回実施します。

一次試験は次の時間割で実施し，午前の級と午後の級は併願できます。

午前			午後		
級	集合時間	終了予定時間	級	集合時間	終了予定時間
準４級	10:00	11:15	４ 級	13:30	15:25
３ 級		11:55	２ 級		15:45
準１級		12:15	１ 級		15:45

準１級と１級の二次試験は，一次試験合格者及び一次試験免除者を対象に，一次が３月・６月の場合は５週間後，一次が11月の場合は翌年１月の第２日曜日に実施します。（協会ホームページに日程掲載）

受験会場

全国主要都市に約30か所，海外は４か所を予定しています。二次試験は，原則としてZoomによるオンラインで実施します（2023年４月現在）。

受験料（税込）

郵送またはインターネットで受付けます。

準４級	４ 級	３ 級	２ 級	準１級	１ 級
3,500円	4,800円	5,800円	7,800円	9,800円	11,800円

（2023年４月現在）

出題・解答の方式，配点，合格基準点

級	種類	方式	配点	合格基準点
準４級	リスニング	選択式	50点	60点
	筆 記	選択式・記述式	50点	
４ 級	リスニング	選択式	100点	60点
	筆 記	選択式・記述式	100点	60点
３ 級	リスニング	選択式	100点	65点
	筆 記	選択式・記述式	100点	65点

2 級	リスニング	選択式	100 点	70 点
	筆　記	選択式・記述式	100 点	70 点
準1級	リスニング	選択式・記述式	100 点	75 点
	筆　記	選択式・記述式	100 点	75 点
1 級	リスニング	選択式・記述式	100 点	85 点
	筆　記	選択式・記述式	100 点	85 点

・解答は，マークシートによる選択式及び一部記述式を取り入れています。また，録音によるリスニングを課し，特に準１級・１級にはリスニングによる書き取りを課しています。
・記述式の解答は，簡体字の使用を原則としますが，２級以上は特に指定された場合を除き，簡体字未習者の繁体字使用は妨げません。ただし，字体の混用は減点の対象とします。
・４級～１級は，リスニング・筆記ともに合格基準点に達していないと合格できません。準４級は合格基準点に達していてもリスニング試験を受けていないと不合格となります。
・合格基準点は，難易度を考慮して調整することがあります。

二次試験内容

準１級は，面接委員との簡単な日常会話，口頭での中文日訳と日文中訳，指定されたテーマについての口述の３つの試験を行い，全体を通しての発音・イントネーション及び語彙・文法の運用能力の総合的な判定を行います。10～15分程度。合格基準点は 75 点／ 100 点

１級は，面接委員が読む中国語長文の日本語訳と，日本語長文の中国語訳の２つの試験を行います。20～30 分程度。合格基準点は各 85 点／ 100 点

一般財団法人 日本中国語検定協会

〒 103-8468　東京都中央区東日本橋 2-28-5 協和ビル

Tel：03-5846-9751　Fax：03-5846-9752

ホームページ：http://www.chuken.gr.jp

E-mail：info@chuken.gr.jp

試験結果データ（2022年度実施分）

L：リスニング　W：筆記　口試１：中文日訳　口試２：日文中訳

第106回	準４級	４級	３級	２級	準１級	準１級二次	１級一次	１級二次
		L / W	L / W	L / W	L / W	口試	L / W	口試1/口試2
合格基準点	60	60(55)/60(55)	65(50)/65(50)	70(60)/70(60)	75(70)/75(70)	75	－	－
平均点	69.5	61.3/69.8	49.4/56.9	54/55.4	58.1/61.3	90.3	－	－
志願者数	1,026	1,632	2,170	1,114	409	69	－	－
受験者数	901	1,427	1,898	992	373	61	－	－
合格者数	672	837	741	271	64	59	－	－
合格率	74.6%	58.7%	39.0%	27.3%	17.2%	96.7%	－	－

第107回	準４級	４級	３級	２級	準１級一次	準１級二次	１級一次	１級二次
		L / W	L / W	L / W	L / W	口試	L / W	口試1/口試2
合格基準点	60	60/60	65/65	70/70	75(70)/75(70)	75	85/85	85/85
平均点	66.0	72.4/68.8	71.7/66.7	72.6/70.9	59.7/59.4	87.1	77.5/70.7	74.4/75.1
志願者数	2,316	2,441	2,517	1,316	447	81	249	32
受験者数	2,057	2,146	2,182	1,197	409	78	236	30
合格者数	1,360	1,387	1,087	575	79	74	23	13
合格率	66.1%	64.6%	49.8%	48.0%	19.3%	94.9%	9.7%	43.3%

※　二次志願者数には，一次試験免除者を含みます。

※　合格基準点欄（　）内の数字は，難易度を考慮して当該回のみ適用された基準点です。

カバーデザイン：トミタ制作室

音声ストリーミング，ダウンロード

中検２級試験問題 2023［第106・107回］解答と解説

2023 年 4 月 22 日　初版印刷
2023 年 4 月 28 日　初版発行

編　者　一般財団法人 日本中国語検定協会
発行者　佐藤和幸
発行所　白 帝 社

〒 171-0014　東京都豊島区池袋 2-65-1
TEL 03-3986-3271　FAX 03-3986-3272
info@hakuteisha.co.jp　http://www.hakuteisha.co.jp/

印刷 倉敷印刷（株）／製本 ㈱ティーケー出版印刷

Printed in Japan　〈検印省略〉　6914　ISBN978-4-86398-551-3

＊定価はカバーに表示してあります。

D　第　　回　2級　解答用紙　リスニング・筆記 1 2 3 4

受験番号							
会場							
氏名							

記入例

良い例	悪い例

（小さすぎたり，はみだしたり，うすすぎたりしないように。）

マーク欄全体を塗りつぶしてください。

リスニング

1

(1)	1	2	3	4
(2)	1	2	3	4
(3)	1	2	3	4
(4)	1	2	3	4
(5)	1	2	3	4
(6)	1	2	3	4
(7)	1	2	3	4
(8)	1	2	3	4
(9)	1	2	3	4
(10)	1	2	3	4

2

(1)	1	2	3	4
(2)	1	2	3	4
(3)	1	2	3	4
(4)	1	2	3	4
(5)	1	2	3	4
(6)	1	2	3	4
(7)	1	2	3	4
(8)	1	2	3	4
(9)	1	2	3	4
(10)	1	2	3	4

筆記

1

(1)	1	2	3	4
(2)	1	2	3	4
(3)	1	2	3	4
(4)	1	2	3	4
(5)	1	2	3	4
(6)	1	2	3	4
(7)	1	2	3	4
(8)	1	2	3	4
(9)	1	2	3	4
(10)	1	2	3	4

2

(1)	1	2	3	4
(2)	1	2	3	4
(3)	1	2	3	4
(4)	1	2	3	4
(5)	1	2	3	4
(6)	1	2	3	4
(7)	1	2	3	4
(8)	1	2	3	4
(9)	1	2	3	4
(10)	1	2	3	4

3

(1)	1	2	3	4
(2)	1	2	3	4
(3)	1	2	3	4
(4)	1	2	3	4
(5)	1	2	3	4
(6)	1	2	3	4
(7)	1	2	3	4
(8)	1	2	3	4
(9)	1	2	3	4
(10)	1	2	3	4

4

(1)	1	2	3	4
(2)	1	2	3	4
(3)	1	2	3	4
(4)	1	2	3	4
(5)	1	2	3	4

4

(6)

a

b

点数